H. S. OLCOTT

LE BOUDDHISME

sous forme de

CATÉCHISME

Traduit de l'anglais.
3ᵉ ÉDITION

PARIS

16°O²

2468

LE BOUDDHISME

LE
BOUDDHISME

Selon le canon de l'Eglise du Sud
et sous forme de

CATÉCHISME

PAR

Henry S. Olcott

PRÉSIDENT DE LA SOCIÉTÉ THÉOSOPHIQUE

*Approuvé et recommandé pour l'usage dans les
Ecoles Bouddhistes*

Par H. SUMANGALA

*Grand-Prêtre de Sripada, Pic d'Adam, et de Galles,
Principal du Widyôdaya Parivena,
Ecole de théologie bouddhiste*

3ᵉ Edition française

PARIS
EDITIONS ADYAR
4, SQUARE RAPP (VIIᵉ)

—

1930
Tous droits réservés

APPROBATION

Widyôdaya Parivena, *Colombo (Ceylan)*.

7 juillet 1881.

Je certifie, ici, que j'ai soigneusement examiné la version Cingalaise du Catéchisme préparé par le colonel H. S. Olcott et qu'elle est d'accord avec le canon de l'Eglise Bouddhiste du Sud.

Je recommande cet ouvrage aux Maîtres d'Ecoles Bouddhistes et à tous ceux, en général, qui désirent connaître les traits essentiels de notre religion.

H. Sumangala,
Grand-Prêtre de l'Eglise du Sud.

Post-scriptum

J'ai revu, à l'aide d'interprètes, la trente-troisième édition du Catéchisme susdit et je lui confirme mon approbation.

Widyôdaya Collège, 7 avril 1897.

H. Sumangala.

AVANT-PROPOS

Six grandes religions se partagent actuellement plus ou moins encore la population de la Terre. Ce sont, par ordre chronologique, le Brahmanisme, le Zoroastrianisme ou Parsisme, l'Hébraïsme, le Bouddhisme, le Christianisme et le Mahométisme.

Les religions dites de Moïse, du Christ et de Mahomet nous sont bien connues; le Brahmanisme et le Bouddhisme le sont moins. Et, cependant, la première est la plus ancienne et peut-être même la mère de toutes les autres. Le Bouddhisme, lui, se distingue par une doctrine très originale qui tranche avec les errements ordinaires : il est de plus très répandu puisqu'il compte, au nombre de ses adhérents, plus du tiers de la population du globe.

Toutes ces raisons concourent à rendre certainement très intéressant un exposé *exact*, si résumé qu'il soit, de sa doctrine.

C'est ce que la Société théosophique, dont l'un des objets est de *favoriser l'étude de la science, des philosophies et des religions*, a permis, pour la première fois, de présenter au public de l'Occident, il y a près de vingt-cinq ans. Le présent ouvrage est, en effet, l'un des travaux (1) de cette Société, puisqu'il est dû à la plume de son éminent président fondateur. Nous avons reçu mission de le traduire en français, ce que nous avons fait une première fois et 1883, et de. nouveau, en ce moment (1905), sur le plus récent texte de l'auteur qui a subi de nombreuses additions aux premières éditions (37ᵉ édition anglaise).

D. A. COURMES.

(1) La même Société a publié un précis remarquable des cinq Grandes Religions précitées : le Brahmanisme, le Zoroastrianisme, le Bouddhisme, le Christianisme, l'Islamisme, par Annie Besant.

PREFACE DE L'AUTEUR

POUR LA 1re ÉDITION, EN 1881

Ce petit ouvrage ne vise qu'à présenter les faits principaux de la vie de Gautama Bouddha et les traits essentiels de sa doctrine.

Chose étrange, il est unique en son genre (1), même à Ceylan, centre du Bouddhisme du Sud, bien que les missionnaires chrétiens aient largement répandu leurs propres catéchismes et pu ainsi travailler, sans obstacles, à arracher les Cingalais à la foi de leurs pères. De quelque cause que dérive cette situation, tout Bouddhiste ou simplement tout admirateur de la philosophie Bouddhiste ne peut que la déplorer.

Le présent précis est surtout une compilation des écrivains les plus autorisés sur la matière,

_____

(1) Ceci a été dit en 1881, depuis cette époque l'intérêt suscité par cette publication a fait produire d'autres ouvrages sur le même sujet.

avec cette importante addition, toutefois, qu'ayant été assisté par le vénérable Grand-Prêtre, Directeur de l'Ecole de Théologie Bouddhiste, l'auteur a pu traiter quelques points controversés d'une manière aussi conforme que possible à l'acception établie.

A dire vrai, l'Occident semble n'avoir encore qu'une idée imparfaite de ce qu'est le Bouddhisme dit orthodoxe. Les écrits fantastiques sur lesquels les principaux Orientalistes ont basé leurs commentaires ne constituent pas plus le vrai Bouddhisme que les histoires de moines du moyen âge ne forment le véritable Christianisme. Il n'y a que les paroles authentiques de Sâkya Mouni lui-même, qui sont tenues pour orthodoxes. De plus profondes recherches prouveront certainement aux savants de l'Europe que le Sage de Kapilavastu enseignait, six siècles avant l'ère chrétienne, non seulement un code de morale incomparable, mais aussi une philosophie si large et si rationnelle qu'elle a anticipé sur les inductions des recherches de la science moderne.

Les signes abondent pour faire prévoir que, parmi les grandes croyances du monde, celle-là peut être la religion de l'avenir qui sera le moins en antagonisme avec la Loi naturelle. Qui sait si cet honneur n'est pas réservé au Bouddhisme?

H. S. OLCOTT.

PREFACE DE L'AUTEUR

POUR LA 33ᵉ ÉDITION, EN 1897

Au fur et à mesure que j'ai renouvelé les éditions du présent ouvrage, j'en ai augmenté le nombre des questions dans le but de faire connaître davantage l'histoire, l'éthique, et la philosophie Bouddhistes, de faire apprécier le noble idéal enseigné par Bouddha et de faciliter ainsi sa réalisation.

Dans la trente-troisième édition j'ai groupé toutes les questions sous les cinq rubriques suivantes :

I. — La vie de Bouddha.
II. — La doctrine.
III. — La Sangha ou l'ordre monastique.
IV. — Un bref historique du Bouddhisme, de ses Conciles et de sa propagande.
V. — Quelques-unes des concordances du Bouddhisme et de la science.

De même que la première édition, celle-ci a reçu l'approbation de l'éminent et érudit H. Sumangala. Elle représente donc constamment le véritable canon de l'Eglise Bouddhiste du Sud.

Ce catéchisme a déjà été publié en vingt langues différentes.

Adyar, Inde, 17 mai 1897.

H. S. O.

PREFACE DE L'AUTEUR

POUR LA 36ᵉ ÉDITION

La popularité de ce petit ouvrage ne semble pas diminuer avec le nombre de ses éditions. Pendant que la présente version était en mains, l'érudit Dʳ Erich Bischoff travaillait à une nouvelle traduction allemande, et, mon vieil ami et collègue, le commandant D. A. Courmes, en faisait autant en français, ce dernier travail devant former la 37ᵉ édition. Une nouvelle version en Espagnol se prépare aussi à Madrid.

Il m'est très agréable, en ma qualité de Bouddhiste avéré, de lire ce que pense à ce sujet un écrivain aussi réputé en matières religieuses que l'est M. G. R. S. Mead, l'auteur de *Fragments d'une foi oubliée*, d'une traduction de la *Pistis Sophia*, et autres œuvres analogues. Il a écrit dans *Theosophical Review* : « Le catéchisme Bouddhiste du colonel Olcott a déjà été traduit en plus de vingt langues différentes, et l'on peut dire, sans être contredit, qu'il a été un actif instrument de propagande dans le pays même de son origine où le Bouddhisme sommeillait depuis si longtemps. » Il est certain que ce n'est qu'en pays Bouddhiste que le catéchisme a fait œuvre de propagande proprement dite, et il n'y a rien à redire à cela. Partcut ailleurs, il n'า fait qu'éclairer la question des religions. Quelle que soit la valeur de l'ouvrage, je puis dire qu'il résume près de 15.000 pages d'enseignement bouddhiste que j'ai lues à cet effet.

H. S. O.

Adyar, 17 février 1903.

DEDICACE

En témoignage de respect et d'affection, je dédie de nouveau le Catéchisme bouddhiste, *nouvellement revu, à mon conseiller et ami, depuis nombre d'années, Hikkaduwe Sumangala, Pradhâna Nâyaka Sthavira, Grand - Prêtre du Pic d'Adam (Sripada) et de la province de l'Ouest.*

Adyar, 1903.

H. S. OLCOTT.

TABLE DES MATIERES

CATÉCHISME BOUDDHIQUE

PREMIERE PARTIE

LA VIE DE BOUDDHA

1. QUESTION. — *De quelle religion (1) êtes-vous?*

RÉPONSE. — Bouddhiste.

2. Q. — *Qu'est-ce que le Bouddhisme?*

R. — C'est un corps d'enseignement émis

(1) Le mot *Religion* ne semble pas s'appliquer proprement au Bouddhisme qui est plutôt une philosophie morale. Mais l'usage a laissé ce mot à toute donnée vécue par un groupe de peuples professant une même doctrine morale, et c'est ainsi que l'emploient les statisticiens.

Les Bouddhistes du Sud n'ont pas la conception de ce qu'implique le mot religion pour les Occi-

par un grand personnage connu sous le nom de Bouddha.

3. Q. — *Le Bouddhisme est-il le meilleur nom pour cet enseignement?*

R. — Non : ce n'est qu'un terme occidental. Le meilleur nom est *Bouddha Dharma.*

4. Q. — *Appelleriez-vous Bouddhiste quelqu'un qui serait simplement né de parents Bouddhistes?*

dentaux. Dans la croyance bouddhiste, il n'y a pas de « liaison » au sens chrétien, ni de soumission ou fusion dans un Etre divin. Le terme populaire qui exprime la relation entre le Bouddhisme, Bouddha et ses partisans, est *Agama.* C'est un terme sanskrit qui veut dire *approche* ou *venue,* et, comme *Bouddha* veut dire *Eclairement,* le mot composé, *Bouddhâgama,* par lequel on indique le Bouddhisme, peut être traduit : *Qui approche* ou *fait marcher la lumière,* ou encore qui suit la doctrine de Sâkya Mouni, le saint des Sâkyas. Les missionnaires chrétiens, dans l'Inde, ayant trouvé le mot *Agama,* le prirent pour synonyme de *religion,* et ils écrivirent Christianisme *Christianiâgama,* alors qu'ils auraient dû dire *Christianibandhana,* parce que *bandhana* a une étymologie équivalente au sens propre du mot religion.

Ces réserves établies, je continue à me conformer aux habitudes prises et j'appelle, comme tout le monde, le système bouddhiste une religion.

R. — Certainement non. Un Bouddhiste est celui qui, non seulement croit en le Bouddha, comme au plus noble des instructeurs, dans la Doctrine qu'il a prêchée et dans la fraternité des Arhats, mais qui pratique aussi Ses préceptes dans la vie quotidienne.

5. Q. — *Comment appelle-t-on un Bouddhiste quand c'est un homme?*

R. — Un Upâsaka.

6. Q. — *Et quand c'est une femme?*

R. — Une Upâsikâ.

7. Q. — *Quand cette doctrine fut-elle d'abord prêchée?*

R. — Il y a quelque désaccord au sujet de cette date, mais, d'après les écritures Cingalaises, ce fut en l'année 2513 du Kali Yuga actuel, c'est-à-dire 589 ans avant l'ère chrétienne.

8. Q. — *Donnez les dates importantes de la dernière existence du fondateur du Bouddhisme?*

R. — Il naquit sous la constellation de Visâ, un jeudi de mai, en l'an 2478 (K. Y), ou 624 avant l'ère chrétienne; il se retira dans la jungle en l'année 2506, devint Bouddha en 2513 et, franchissant le tour de la renaissance, entra en Paranirvâna en l'année 2558, ou 544 avant l'ère chrétienne, âgé de quatre-vingts ans. Chacun de ces événements eut lieu un jour de pleine lune, et c'est pourquoi on les célèbre tous ensemble dans une grande fête — appelée Vaisâkha — qui a lieu le jour de la pleine lune de Wesak, c'est-à-dire de Mai.

9. Q. — *Bouddha était-il Dieu?*

R. — Non : le Bouddha Dharma ne professe pas l' « incarnation divine ».

10. Q. — *Etait-il un homme?*

R. — Oui; mais le plus sage, le plus noble et le plus saint des êtres, s'étant développé lui-même, au cours d'innombrables existences, bien au-dessus de tous les autres êtres, sauf les BOUDDHAS antérieurs.

11. Q. — *Y eut-il donc d'autres Bouddhas avant lui?*

R. — Oui, ainsi qu'il sera expliqué plus loin.

12. Q. — *Bouddha était-ce son nom?*

R. — Non. C'est le nom d'une condition ou d'un état de l'intelligence, après que celle-ci a atteint le summum de son développement.

13. Q. — *Quelle est sa signification?*

R. — Illuminé, ou celui qui possède la sagesse parfaite. Le terme Pali est *Sabbaññu,* Celui de la Connaissance sans limite. En sanskrit, *Sarvajna.*

14. Q. — *Quel était donc le vrai nom de Bouddha?*

R. — Siddha'rtha était son nom royal et Gautama ou Gôtama son nom de famille. Il était prince de Kapilavastu et appartenait à l'illustre famille des Okkâka, de la race Solaire.

15. — *Qui étaient son père et sa mère?*

R. — Le roi Suddhôdana et la reine Mâyâ appelée Mahâ Mâyâ.

16. Q. — *Sur quel peuple régnait ce roi?*

R. — Sur les Sâkyas, tribu Aryenne de Kshattriyas.

17. Q. — *Où se trouvait Kapilavastu?*

R. — Dans l'Inde, à cent milles au nord-est de Bénarès, et à environ quarante milles des monts Himâlaya. C'est dans le Népaul Terai; la cité est maintenant en ruines.

18. Q. — *Sur quelle rivière?*

R. — Sur la Rôhinî, maintenant appelée Kôhana.

19. Q. —*Dites encore en quelle année le prince Siddhârtha est né?*

R. — Six cent vingt-trois ans avant l'ère chrétienne.

20. Q. — *Le lieu exact de sa naissance est-il connu?*

R. — Il est maintenant établi au-dessus de toute contestation. Un archéologue du gouvernement de l'Inde, vient justement de découvrir, dans la jungle de Nepaul Terai, une colonne en pierre érigée par le puissant souverain Bouddhiste Asôka pour marquer cet endroit. Le lieu était connu dans ces temps-là comme le jardin Lumbini.

21. Q. — *Le Prince avait-il le luxe et la splendeur inhérents à sa position?*

R. — Oui. Le roi, son père, lui fit construire trois palais magnifiques, pour les trois saisons de l'Inde, l'un de neuf étages, un autre de cinq, un troisième de trois, tous parfaitement décorés.

22. Q. — *Comment étaient-ils situés?*

R. — Autour de chaque palais se trouvaient des jardins remplis des fleurs les plus belles et du plus délicieux parfum, avec des fontaines d'eau jaillissante, des arbres

pleins d'oiseaux au doux ramage et des
paons se pavanant sur le gazon.

23. — *Vivait-il seul?*

R. — Non. Dans sa seizième année il
épousa la princesse Yasôdharâ, fille du roi
Suprabuddha. Des essaims de jeunes filles
exercées dans les arts de la danse et de la
musique s'empressaient constamment de
charmer ses loisirs.

24. Q. — *Comment prit-il femme?*

R. — A la manière des anciens Kshattriyas ou guerriers, en surpassant tous ses
concurrents dans des jeux et des exercices
d'adresse et de courage, et en choisissant
ainsi Yasôdharâ parmi toutes les jeunes
princesses que leurs pères avaient amenées
au tournoi ou *mela*.

25. Q. — *Comment, au milieu de tout ce
luxe, un prince put-il devenir entièrement
sage?*

R. — Il possédait une telle sagesse naturelle que, tout enfant, il semblait comprendre les arts et les sciences sans les avoir
étudiés. Il avait les meilleurs maîtres, mais
ils ne pouvaient rien lui enseigner qu'il ne
semblât saisir aussitôt.

26. Q. — *Est-ce dans ces splendides palais
qu'il devint Bouddha?*

R. — Non, il laissa tout et s'en fût, seul, dans la Jungle.

27. Q. — *Pourquoi fit-il cela?*

R. — Pour découvrir la cause de nos souffrances et le moyen d'y échapper.

28. Q. — *N'était-ce pas l'égoïsme qui le guidait?*

R. — Non, ce fut un amour sans bornes pour tous les êtres qui le fit se sacrifier pour leur bien.

29. Q. — *Mais comment acquit-il cet amour sans bornes?*

R. — En d'innombrables vies antérieures vécues en des œons ou des millions d'années, il avait cultivé cet amour avec la constante détermination de devenir un Bouddha.

30. Q. — *Que sacrifia-t-il, cette fois?*

R. — Ses beaux palais, ses richesses, son luxe, ses lits agréables, ses jolis vêtements, sa nourriture recherchée, son royaume, enfin. Il quitta même son épouse bien-aimée et son fils unique, Râhula.

31. Q. — *Un autre homme sacrifia-t-il jamais autant pour notre salut?*

R. — Non, en cette présente période du

monde. Telle est la raison pour laquelle les Bouddhistes l'aiment tant et les meilleurs d'entre eux cherchent à l'imiter.

32. Q. — *Mais un certain nombre d'autres hommes n'ont-ils pas abandonné toutes les choses de la terre et même leur vie pour le salut de leurs compagnons?*

R. — Certainement. Mais nous croyons que son abnégation plus grande et son amour de l'humanité se manifestèrent surtout en renonçant à la félicité du Nirvâna, il y a des âges innombrables, quand, étant né dans la personnalité du Brahmane Sumedha, au temps du Bouddha Dîpankara, il avait alors atteint le stade où il pouvait entrer en Nirvâna, s'il n'avait aimé l'humanité plus que lui-même. Cette renonciation impliquait qu'il endurât volontairement les misères d'existences terrestres jusqu'à ce qu'il fût devenu Bouddha, dans le but d'enseigner à tous les êtres la voie de la libération et de donner le repos au monde.

33. Q. — *Quel âge avait-il quand il alla dans la jungle?*

R. — Il était dans sa vingt-neuvième année.

34. Q. — *Qu'est-ce qui le détermina finalement à laisser tout ce que les hommes ai-*

ment tant d'ordinaire et à se rendre dans la jungle?

R. — Un *deva* (1) lui apparut, tandis qu'il était sur son char, quatre fois de suite sous des formes impressionnantes.

35. Q. — *Quelles étaient ces différentes formes?*

R. — Celles d'un vieillard courbé par les ans, d'un homme malade, d'un cadavre et d'un ermite honoré.

36. O. — *Fut-il seul à voir ces formes?*

R. — Non, son serviteur Channa les vit aussi.

37. Q. — *Pourquoi une telle vue, si ordinaire pour chacun, le porta-t-elle à aller dans la jungle?*

R. — Nous voyons souvent cela, en effet, mais il n'en était pas de même de lui, et c'est ce qui fit une si grande impression sur son esprit.

38. Q. — *Pourquoi n'avait-il encore rien vu de semblable?*

R. — Les astrologues Brahmanes avaient prédit à sa naissance qu'il abandonnerait un jour son royaume, et qu'il deviendrait un *Bouddha.* Le Roi, son père, ne voulant pas

(1) La signification de ce mot est donnée plus loin.

perdre son fils, avait expressément défendu
de lui montrer rien qui pût lui donner l'idée
des misères humaines et de la mort. Personne ne devait seulement parler de ces
choses au Prince. Il était comme prisonnier
dans ses beaux palais et dans ses jardins en
fleurs. Ces jardins étaient entourés de hautes murailles et tout, dans l'intérieur, était
rendu aussi beau que possible pour que le
Prince n'eût pas occasion de voir les chagrins et les misères de ce monde.

39. Q. — *Etait-il donc si plein de cœur que
son père craignît qu'il se sacrifiât pour le
salut du monde?*

R. — Oui. Il paraît avoir ressenti pour
tous les êtres une pitié et un amour im-
menses.

40. Q. — *Et comment comptait-il appren-
dre dans la jungle la cause de la douleur?*

R. — En s'éloignant de tout ce qui pouvait l'empêcher de penser profondément
aux causes de la douleur et à la nature de
l'homme.

41. Q. — *Comment s'échappa-t-il du palais?*

R. — Une nuit que chacun dormait, il se
leva, jeta un dernier regard sur sa femme
et son enfant endormis, appela Channa,

monta son cheval blanc favori, Kantaka,
et franchit les portes du palais. Les *Devas*
avaient plongé dans un profond sommeil
les gardes qui surveillaient la porte, de sorte
qu'ils n'entendirent pas le bruit des sabots
du cheval.

42. Q. — *La porte n'était-elle pas fermée
à clef?*

R. — Oui, mais les *Devas* la firent s'ouvrir
sans bruit, et il chevaucha dans la nuit.

43. Q. — *Où se rendit-il?*

R. — A la rivière Anômâ, très loin de Kapilavastu.

44. Q. — *Que fit-il ensuite?*

R. — Il sauta à bas de son cheval, coupa
avec son glaive sa belle chevelure et, donnant ses ornements ainsi que sa monture à
Channa, lui ordonna de les rapporter au
Roi, son père.

45. Q. — *Et après?*

R. — Il s'achemina à pied vers Râjagriha,
capitale du roi Bimbisâra, de Magadha.

46. Q. — *A qui y rendit-il visite?*

R. — Au roi, en sa cour plénière (1).

47. Q. — *Pourquoi le Bouddha vint-il en
cet endroit?*

(1) L'évangile de Bouddha, par Paul Carus,
relate admirablement cette visite.

R. — Dans les forêts voisines se trouvaient des ermites, hommes très sages, dont il devint ensuite le disciple dans l'espoir de trouver la connaissance qu'il cherchait.

48. Q. — *De quelle religion étaient-ils?*

R. — De la religion Hindoue (1) : c'était des Brahmanes.

49. Q. — *Qu'enseignaient-ils?*

R. — Que par de sévères pénitences et la torture du corps l'homme peut acquérir la sagesse parfaite.

50. Q. — *Le prince trouva-t-il qu'il en était ainsi?*

R. — Non; il apprit leurs systèmes et pratiqua leurs austérités, mais il ne découvrit pas ainsi la cause de la douleur humaine et la voie de l'émancipation absolue.

51. Q. — *Que fit-il alors?*

R. — Il s'en fût dans une forêt, près d'un endroit appelé Uruvêla, sur l'emplacement actuel du temple de Mahâbôdhi, à Buddha-Gayâ, et y passa six années dans une profonde méditation, une stricte discipline et des mortifications corporelles.

(1) Le terme Hindou vise plus spécialement les fidèles de la religion Brahmanique.

52. Q. — *Etait-il seul?*

R. — Non; cinq compagnons Brahmanes l'accompagnaient.

53. Q. — *Quels étaient leurs noms?*

R. — Kondanya, Bhaddiya, Vappa, Mahânâma, et Assaji.

54. Q. — *Quelle sorte de discipline adopta-t-il pour rendre son esprit accessible à la vérité entière?*

R. — Il demeurait assis et méditait, concentrant son mental sur les plus hauts problèmes de la vie, et fermant les yeux et les oreilles à tout ce qui pouvait troubler le cours de ses réflexions intérieures.

55. Q. — *Jeûna-t-il?*

R. — Oui, tout le temps. Il prenait de moins en moins de nourriture et d'eau jusqu'à se suffire, dit-on, d'un grain de riz ou de sésame par jour.

56. Q. — *Cela lui donna-t-il la sagesse qu'il désirait?*

R. — Non : il ne faisait que s'affaiblir de plus en plus jusqu'à ce qu'un jour, comme il marchait doucement en méditant, ses forces vitales l'abandonnèrent soudainement et il tomba sur le sol, sans connaissance.

57. Q. — *Qu'en pensèrent ses compagnons?*

R. — Qu'il était mort. Mais, quelque temps après, il revint à lui.

58. Q. — *Qu'arriva-t-il alors?*

R. — La pensée lui vint que la connaissance ne pouvait jamais être obtenue par le jeûne ou la souffrance corporelle seuls, mais qu'elle devait être gagnée par l'ouverture du mental. Il avait été sur le point de mourir d'épuisement et il n'avait cependant pas acquis la sagesse parfaite. Il se décida donc à manger afin de pouvoir, au moins, vivre assez longtemps pour devenir sage.

59. Q. — *Qui est-ce qui lui donna à manger?*

R. — Il reçut quelque nourriture de Sujâtâ, fille de père noble, qui le vit étendu au pied d'un arbre nyagrodha (banyan). Les forces lui revinrent alors. Il se leva, prit sa sébille, se baigna dans la rivière Nêranjarâ, mangea et rentra dans la jungle.

60. Q. — *Qu'y fit-il?*

R. — Ayant pris une détermination après ces réflexions, il se dirigea, vers le soir, vers l'arbre Bôdhi ou Asvatha où se trouve actuellement le temple Mahâbôdhi.

61. Q. — *Et encore?*

R. — Il résolut de ne pas quitter cet endroit qu'il n'ait atteint l'état de Bouddha.

62. Q. — *De quel côté de l'arbre était-il assis?*

R. — La face tournée vers l'Est (1).

63. Q. — *Qu'obtint-il cette première nuit?*

R. — La connaissance de ses naissances antérieures, des causes des renaissances et du moyen d'éteindre les désirs. Vers le point du jour, son intelligence s'ouvrit entièrement comme la blanche fleur du lotus qui s'épanouit. La lumière de la connaissance suprême ou les quatre vérités s'épandit en lui : il était devenu *Bouddha*, l'illuminé, l'omniscient, le S*arvajna*.

64. Q. — *Découvrit-il enfin la cause de la misère humaine?*

R. — Oui, enfin. De même que les clartés

---

(1) Les livres canoniques ne donnent pas de raisons pour le choix de ce côté de l'arbre, bien qu'on en parle dans les ouvrages européens de Bigandet et autres. Il y a, en somme, certaines influences issues des diverses directions de l'espace. Tantôt les unes sont les meilleures, tantôt ce sont d'autres. Mais le Bouddha pensait que l'homme parfait est au-dessus des influences extérieures.

du soleil levant chassent au loin les ténèbres de la nuit et révèlent à la vue les arbres, les champs, les rochers, les mers, les rivières, les animaux, les hommes et les choses, de même la pleine lumière de la connaissance se leva dans son mental et il vit d'un seul coup d'œil les causes de la souffrance humaine et le moyen d'y échapper.

65. Q. — *Lui fallut-il de grands efforts pour gagner cette sagesse parfaite?*

R. — Oui, de grands et terribles efforts. Il eut à vaincre en son corps tous ces défauts naturels, ces appétits humains et ces désirs qui nous empêchent de voir la vérité. Il eut à l'emporter sur toutes les mauvaises influences du monde pécheur qui l'entourait. Comme un soldat qui combat désespérément dans la bataille contre plusieurs ennemis, il lutta avec énergie et, comme un héros qui remporte la victoire, il atteignit son but : le secret de la misère humaine lui fut révélé.

66. Q. — *Quel usage fit-il de la connaissance ainsi acquise?*

R. — Il s'abstint d'abord de la répandre partout.

67. Q. — *Pourquoi?*

R. — A cause de son importance profonde et de sa sublimité. Il craignait que
peu de gens la comprissent et que sa prédication ne produisît que du trouble dans les
esprits.

68. Q. — *Qu'est-ce qui le fit ensuite chan-
ger d'avis* (1)?

R. — Il vit qu'il était de son devoir d'enseigner aussi clairement et simplement que
possible ce qu'il avait appris et de ne pas
douter que la vérité s'imprimât dans l'esprit des gens, selon le Karma individuel de
chacun. C'était la seule voie de salut et
chaque être avait un égal droit de se la voir
indiquée. Aussi se résolut-il de commencer
avec les cinq derniers compagnons qui
l'avaient quitté quand il avait rompu son
jeûne.

69. Q. — *Où les trouva-t-il?*

R. — Dans les forêts des daims, à Isipatana, près de Bénarès.

70. Q. — *L'endroit est-il connu de nos
jours?*

R. — Oui, un *stûpa* ou *dâgoba* presque en
ruines se trouve encore en ce même endroit.

_____

(1) La légende est que le dieu Brahmâ lui-même
l'implora de ne pas tenir la glorieuse vérité sous
le boisseau.

71. Q. — *Ces cinq compagnons l'écoutè-rent-ils volontiers?*

R. — Non, tout d'abord; mais la beauté spirituelle de son apparence était si grande et son enseignement si doux et si convain-cant qu'ils changèrent bientôt d'avis et lui prêtèrent la plus vive attention.

72. Q. — *Quel effet ce discours fit-il sur eux?*

R. — Le vieux Kondanya, « le Croyant » (Anna), fut le premier à perdre ses préven-tions, à accepter l'enseignement de Boud-dha, à devenir son disciple et à entrer sur le sentier qui mène à la qualité d'Arhat. Les quatre autres suivirent son exemple.

73. Q. — *Qui convertit-il ensuite?*

R. — Un jeune laïque, riche, nommé Yasa, et son père, un gros négociant. Au bout de trois mois, les disciples étaient au nombre de soixante.

74. Q. — *Quelles sont les premières fem-mes qui devinrent ses disciples?*

R. — La mère et la femme de Yasa.

75. Q. — *Que fit alors Bouddha?*

R. — Il réunit ses disciples, les instruisit

à fond et les envoya prêcher dans toutes les directions (1).

76. Q. — *Quelle était .l'essence de cette doctrine?*

R. — Que la voie de l'émancipation se trouve en menant une vie sainte et en suivant les règles qui seront expliquées ci-après.

77. Q. — *Mais dites-moi le nom qu'il donna à ce genre de vie?*

R. — Le noble octuple sentier.

78. Q. — *Quel est son nom en langue Pali?*

R. — *Ariyo atthangiko maggo.*

79. Q. — *Où le Bouddha alla-t-il ensuite?*

R. — A Uruvêla.

80. Q. — *Qu'y arriva-t-il?*

R. — Il conveitit un homme nommé Kâshyapa renommé pour son instruction et prêtre principal des Jatilas, grande secte d'adorateurs du feu, qui le suivirent aussi.

(1) Le Brahmanisme n'étant pas propagé parmi ceux qui ne sont pas Hindous, il s'ensuit que le Bouddhisme est la première religion qui ait envoyé des missionnaires à travers le monde. Ces premiers missionnaires supportèrent de dures et cruelles persécutions avec un inébranlable courage.

81. Q. — *Quel fut le grand qu'il convertit ensuite?*

R. — Le roi Bimbisâra, de Magadha.

82. Q. — *Quels sont les deux disciples les plus instruits et les plus affectionnés de Bouddha qui furent convertis à ce moment?*

R. — Sâriputha et Moggallâna, précédemment disciples de l'ascète Sanjaya.

83. Q. — *En quoi devinrent-ils renommés?*

R. — Sâriputra, par son profond savoir (*Prajna*); Moggallâna par ses exceptionnels pouvoirs spirituels (*Iddhi*).

84. Q. — *Ces merveilleux pouvoirs sont-ils miraculeux?*

R. — Non, ils ne sont que naturels chez tous les hommes et capables d'être développés par un certain entraînement.

85. Q. — *Le Bouddha reçut-il des nouvelles de sa famille après l'avoir quittée?*

R. — Oui, sept ans après, pendant qu'il se trouvait à Râjagriha, son père, le roi Suddhôdana, lui envoya un message pour lui demander de venir, afin de le voir encore avant de mourir.

86. Q. — *Y alla-t-il?*

R. — Oui. Son père le reçut avec grande joie et alla à sa rencontre avec tous ses parents et ses ministres.

87. Q. — *Consentit-il à reprendre son ancien rang?*

R. — Non. Il expliqua très doucement à son père que le prince Siddhârta avait cessé d'exister comme tel, et qu'il était maintenant dans la condition d'un Bouddha pour qui tous les êtres sont également ses frères et ses amis. Au lieu de gouverner une simple tribu ou une nation, comme un roi de la terre, son Dharma le faisait porter tous les cœurs des hommes à le suivre.

88. Q. — *Vit-il Yasôdharâ et son fils Râhula?*

R. — Oui. Sa femme, qui avait pris son deuil avec l'amour le plus profond, pleura amèrement. Elle envoya aussi Râhula lui demander sa succession, comme fils de prince.

89 Q. — *Qu'arriva-t-il?*

R. — A tous il prêcha le Dharma comme le remède à tous les chagrins. Son père, son fils, sa femme, Ananda son demi-frère, Dêvadatta son cousin et beau-frère, tous furent convertis et devinrent ses disciples. D'au-

tres gens fameux furent le grand métaphy-
sicien Anurudhha et le barbier Upâli, tous
deux eurent un grand renom.

90. Q. — *Quelle fut la première femme qui
fut ascète?*

R. — Prajâpati, tante et nourrice du
prince Siddhârta. En même temps qu'elle,
Yasôdharâ et plusieurs autres dames furent
admises dans l'Ordre, comme *bhikkhounis*
ou pieuses femmes.

91. Q. — *Quel effet eut, sur le vieux roi
Suddhôdana, l'entrée en religion de son
frère Siddhârta, d'Ananda, de son neveu
Dêvadatta, de Yasôdharâ, femme de son
fils et de son petit-fils Râhula?*

R. — Il la déplora beaucoup et s'en plai-
gnit au Bouddha qui établit alors comme
règle de l'Ordre qu'aucun mineur n'y serait
admis ensuite sans le consentement de ses
parents ou de ses tuteurs.

92. Q. — *Que devint Dêvadatta?*

R. — Il fut un homme de grande intelligence, et il avança rapidement dans la connaissance du Dharma, mais, comme il était
aussi très ambitieux, il arriva à envier et à
haïr le Bouddha qu'il finit même par vou-

loir tuer. Il porta aussi Ajâtashatru, fils du roi Bimbisâra, à tuer son noble père et à devenir son disciple à lui, Dêvadatta.

93. Q. — *Fit-il du mal au Bouddha?*

R. — Pas le moindre, mais le mal qu'il lui avait voulu retomba sur sa propre tête, et il eut une mort affreuse.

94. Q. — *Pendant combien d'années le Bouddha se livra-t-il à l'enseignement?*

R. — Quarante-cinq ans, pendant lesquels il prêcha un très grand nombre de fois. Il avait coutume, ainsi que ses disciples, de voyager et de prêcher pendant les huit mois de la saison sèche, tandis que pendant la saison des pluies, *Was,* ils séjournaient dans les *pansâlas* et les *vihâras* que divers rois et autres prosélytes opulents avaient construits à leur intention.

95. Q. — *Quelles étaient les plus fameuses de ces constructions?*

R. — Jetavanârâma, Veluvanârâma, Pubbârâma, Nigrodârâma, et Isipatanârâma.

96. Q — *Quelles sortes de gens convertirent-ils?*

R. — Des gens de tous rangs, de toutes nations et de toutes castes : rajas et coolies, riches et pauvres, puissants et humbles, érudits et illettrés. Sa doctrine convenait à tous.

97. Q. — *Racontez comment le Bouddha quitta son corps?*

R. — Au jour de la pleine lune de mai, quarante-cinq saisons après être devenu Bouddha, sachant que son départ était proche, il vint vers le soir à Kusinâgâra, situé à environ 120 milles de Bénarès. Dans le petit bois de *sâlas* (*Vatica Robusta*) des Mallas, l'Uparvartana de Kusinâgâra, entre deux arbres, il fit placer son lit, la tête tournée vers le nord, selon l'ancienne coutume, et s'y étendit. Puis, avec une complète lucidité d'esprit, il donna ses dernières instructions à ses disciples et leur fit ses adieux.

98. Q. — *Fit-il de nouvelles conversions à ses derniers moments?*

R. — Oui, une très importante, un grand Brahmane savant (*pandit*) nommé Subhadra. Il prêcha aussi aux princes Mallya et à leurs suites.

99. Q. — *Qu'arriva-t-il à l'aube?*

R. — Il passa dans la condition intérieure de *Samâdhi* (d'extase), et de là en Nirvâna.

100. Q. — *Quelles furent ses dernières paroles à ses disciples?*

R. — « Mendiants », dit-il, « comprenez bien maintenant, que les parties et les pouvoirs de l'homme se dissolvent, mais que la vérité persiste à jamais. Travaillez à votre salut, avec diligence ».

101. Q. — *Quelle preuve positive avons-nous de la personnalité historique du prince Siddhârtha, devenu le Bouddha?*

R. — Son existence est aussi clairement prouvée que celle de n'importe quelle autre figure de l'histoire ancienne.

102. Q. — *Donnez quelques-unes de ces preuves?*

R. — 1) Le témoignage de ceux qui l'ont personnellement connu.

2) La découverte des lieux et des restes de constructions mentionnés dans les récits qui le concernent.

3) Les inscriptions sur les rochers, les colonnes, les dâgobas, érigés à sa mémoire par des souverains assez rapprochés de l'époque où il a vécu pour être en état de vérifier l'exactitude des faits.

4) L'existence ininterrompue de l'ordre qu'il a fondé par lequel l'histoire de sa vie

est transmise de génération en génération depuis l'origine.

5) Le fait que l'année même de sa mort et, plus, à différentes époques, des assemblées et des conseils de son ordre ont été réunis pour examiner la teneur des enseignements du Fondateur et la transmission de ces enseignements contrôlés, du maître au pupille, jusqu'à nos jours.

6) Après la crémation de son corps, ses cendres furent réparties entre huit Rois et un stûpa fut érigé sur chaque fraction. La cendre donnée au roi Ajâtasatru fut couverte par lui d'un Stûpa à Râjagriha; l'empereur Asoka l'enleva, un peu moins de deux siècles après, et la distribua à travers son Empire; ce dernier avait à sa disposition toutes les facilités pour constater l'authenticité des reliques, puisque depuis l'incinération elles étaient sous la garde de la maison royale de Patna.

7) Plusieurs des disciples du Bouddha, étant Arhats et maîtres de prolonger leur existence, ont certainement vécu très âgés. Rien n'a pu empêcher que deux ou trois d'entre eux, se succédant l'un à l'autre, n'aient relié ainsi les années écoulées entre la mort du Bouddha et le règne d'Asoka,

permettant alors à ce roi d'obtenir des contemporains les attestations requises sur le fait de l'existence réelle du Bouddha (1).

8) Le *Mahâvansa*, histoire ancienne dont l'authenticité est la mieux démontrée, raconte les événements de l'histoire cingalaise du règne du Roi Vijaya, 543 av. J.-C. — presque l'époque du Bouddha — et donne sur lui beaucoup de détails ainsi que sur l'Empereur Asoka et tous les autres souverains qui figurent dans l'histoire Bouddhique.

103. Q. — *Une croyance populaire présente le Bouddha comme un géant ayant environ dix-huits pieds de haut : est-elle fondée sur un récit historique?*

R. — Non, aucune mention de ce fait ne peut être citée. Nous lisons seulement qu'il était d'une incomparable beauté de formes et de visage et que son corps portait certains signes qu'on voit, dit-on, sur le corps de chaque Bouddha.

104. Q. — *Pouvez-vous indiquer quelque passage dans nos Ecritures qui confirme*

---

(1) Deux élèves d'Ananda, par conséquent centenaires, assistaient au second conseil, et dans celui réuni par Asoka, se trouvaient des pupilles de ces disciples.

l'idée qu'il avait la même forme que les autres hommes?

R. — Oui. Il est dit, dans l'*Anguttara Nikâya,* qu'une femme qui avait coutume de faire l'aumône à Mahâ Kâshyappa, l'offrit une fois au Bouddha le prenant pour son disciple, ce qui n'aurait pu se produire s'il avait été un géant, car Mahâ Kâshyappa était de stature ordinaire.

105 Q. — *Quelles sont les épithètes de respect appliquées au Bouddha?*

R. — Sâkyamouni, le sage Sâkya; Sâkya Simha (le lion Sakya); Sugata (l'Heureux); Satthâ (l'Instructeur); Jina (le Conquérant); Bhagavat (le Béni); Lôka-nâtha (le Seigneur du monde); Sarvajna (l'Omniscient); Dharmarâja (le roi de Vérité); Tathâgata (le Grand Etre), etc...

DEUXIEME PARTIE

LE DHARMA OU LA DOCTRINE

106. Q. — *Quelle est la signification du mot Bouddha?*

R. — L'illuminé ou celui qui possède la parfaite sagesse.

107. Q. — *Vous avez dit qu'avant ce Bouddha, il y en avait eu d'autres?*

R. — Oui, nous croyons que, par suite de la loi éternelle de causalité, un Bouddha naît quand l'humanité plongée dans une misère due à son ignorance a besoin de la sagesse qu'un Bouddha a la mission d'enseigner (voir aussi q. 11).

108. Q. — *Comment un Bouddha se développe-t-il?*

R. — Une personne entendant et voyant

l'un des Bouddhas sur terre, prend la résolution de vivre ainsi à une époque future. Quand elle sera devenue apte à remplir cette fonction, elle deviendra aussi un Bouddha, pour guider l'humanité hors du cycle des renaissances.

109. Q. — *Comment procède cet aspirant pour devenir Bouddha?*

R. — Pendant cette existence et celles qui suivent, il s'efforce de dompter ses passions, d'acquérir la sagesse par l'expérience et de développer ses plus hautes facultés. Il devient ainsi graduellement plus sage, d'un caractère plus noble et plus ferme dans la pratique des vertus jusqu'à ce que finalement, après d'innombrables renaissances, il atteigne l'état où il peut devenir Parfait, Illuminé, Très-Sage, l'Instructeur idéal de la race humaine.

110. Q. — *Pendant que ce développement graduel poursuit son cours au travers de toutes ces naissances, par quel nom le désigne-t-on?*

R. — Bôdhisat ou Bôdhisattva. Ainsi le prince Siddhârtha Gautama fut un Bôdhisattva jusqu'au moment où sous l'arbre béni Bôdhi il devint Bouddha.

111. Q. — *A-t-on quelque mention de ses diverses renaissances comme Bôdhisattva?*

R. — Dans le *Jâtakatthakathâ*, livre contenant les histoires des réincarnations du Bôdhisattva, il y a plusieurs centaines de ces mentions.

112. Q. — *Quelle leçon ces histoires enseignent-elles?*

R. — Qu'un homme, au travers d'une longue série de réincarnations, peut poursuivre un grand et généreux dessein, ce qui l'aide à dominer ses mauvaises tendances et à développer ses vertus.

113. Q. — *Peut-on fixer le nombre des réincarnations par lesquelles un Bôdhisattva doit passer avant de devenir un Bouddha?*

R. — Non, vraiment, cela dépend de son caractère naturel, de l'état de développement auquel il est parvenu quand il prend la résolution de devenir un Bouddha, et d'autres choses encore.

114 Q. — *Y a-t-il une classification pour les Bôdhisattvas?*

R. — Les Bôdhisattvas — Bouddhas futurs — sont divisés en trois classes.

115. Q. — *Décrivez-les?*

R. — Pannâdhika, ou Udghatitagnya :
« Celui qui atteint le moins vite » ; Saddhâ-
dhika ou Vipachitagnya : « celui qui atteint
moins vite » ; Viriyâdhika, ou Gneyya :
« celui qui atteint promptement ». Les Bhô-
dhisats Pragnâdhika suivent la voie de l'Intelligence ; les Sraddhâdhika, celle de la
Foi ; les Viriyâdhika, prennent le chemin de
l'action énergique. Le premier, guidé par
l'Intelligence, ne se hâte pas ; le second,
rempli de Foi, ne se soucie pas de suivre la
direction de la Sagesse ; le troisième accom-
plit toujours sans délai ce qui est bien. In-
différent à ce qui peut en résulter pour lui,
il agit quand il voit que l'action est ce qu'il
y a de mieux.

11. Q. — *Quand notre Bôdhisattva devint
Bouddha, dites un mot à quelle cause il
attribua la misère humaine ?*

R. — A l'ignorance (*Avidyâ*).

117. Q. — *Quel est le remède ?*

R. — Dissiper l'ignorance et devenir sage
(*Prajnâ*).

118. Q. — *Pourquoi l'ignorance cause-
t-elle la souffrance ?*

R. — Parce qu'elle nous fait attacher du
prix à ce qui n'en a pas, nous porte à nous

affliger sans raison, à considérer comme réel ce qui n'est qu'illusoire, à passer nos vies à la poursuite d'objets sans valeur et à négliger ce qui en réalité est d'un prix inestimable.

119. Q. — *Quel est donc cet inestimable trésor?*

R. — Connaître le secret de l'existence et de la destinée de l'homme et estimer à sa juste valeur cette vie et ce qui est relatif, afin que nous puissions vivre de manière à assurer à notre prochain et à nous-mêmes le plus de bonheur et le moins de douleur possible.

120. Q. — *Quelle est la lumière qui peut dissiper notre ignorance et écarter les chagrins?*

R. — La connaissance de ce que Bouddha appelle « les Quatre Nobles Vérités ».

121. Q. — *Nommez-les?*

R. — 1° Les misères de l'évolution terrestre qui, vie après vie, répète les naissances et les morts. 2° La cause première de la douleur qui est le désir égoïste sans cesse aiguisé de se satisfaire, sans pouvoir y parvenir. 3° La suppression de ce désir. 4° Les moyens d'arriver à détruire le désir.

112. Q. — *Nommez quelques-unes des choses qui engendrent la douleur.*

R. — La naissance, la décrépitude, la maladie, la mort, la séparation de ceux qu'on aime, l'association avec ceux qui inspirent de la répugnance, le besoin de ce qui ne peut être obtenu.

123. Q. — *Ces choses diffèrent-elles pour chaque individu?*

R. — Oui, mais tous les hommes en souffrent à des degrés divers.

124. Q. — *Comment échapper aux souffrances qui proviennent de désirs inassouvis et de besoins causés par l'ignorance?*

R. — En les dominant complètement, en détruisant cette soif ardente pour la vie et ses plaisirs qui est la cause de la douleur.

125. Q. — *Comment effectuer cette conquête?*

R. — En suivant le Noble Octuple chemin que Bouddha a découvert et montré.

126. Q. — *Qu'entendez-vous par ce terme; quel est ce noble Octuple chemin?*

R. — Les huit parties de cette voie sont appelées *angas* : Ce sont : 1° la vraie croyance (quant à la loi de Causalité ou Karma); 2° La vraie Pensée; 3° Le Lan-

gage véridique; 4° L'action vraie; 5° Les
vrais moyens d'existence; 6° L'effort loyal;
7° Le souvenir vrai et la discipline intérieure; 8° La véritable concentration de la
Pensée. L'homme qui observe ces *angas*
sera libéré de la douleur et finira par obtenir son salut.

127. Q. — *Peut-on substituer un autre mot
à celui de salut?*

R. — Oui, émancipation.

128. Q. — *Emancipation de quoi?*

R. — Des misères de l'existence terrestre
et des renaissances qui, toutes, sont dues à
l'ignorance et aux appétits impurs.

129. Q. — *Et quand a-t-on obtenu ce salut
ou cette émancipation, à quoi arrive-t-on?*

R. — Au NIRVA'NA.

130. Q. — *Qu'est-ce le Nirvâna?*

R. — Une condition de parfait repos, où
tout changement est supprimé; une absence
de désir, d'illusion et de peine; une aboli-
tion totale de tout ce qui constitue l'homme
physique. Avant de parvenir au NIRVA'NA,
l'homme se réincarne sans cesse; après
avoir atteint au NIRVA'NA, il ne renaît plus.

131. Q. — *Où peut-on trouver une des-
cription érudite du mot Nirvâna et une*

liste des autres noms par lesquels les anciens écrivains Pali ont tenté de le définir?

R. — Dans le fameux « Dictionnaire de la Langue Pali », par feu M. R. C. Childers, on trouve une liste complète (1).

132. Q. — *Mais quelques personnes s'imaginent que Nirvâna est une sorte de céleste demeure, un Paradis. Le Bouddhisme enseigne-t-il cela?*

R. — Non. Quand Kûtadanta demanda au Bouddha où était Nirvâna, il répondit : « C'est partout où les préceptes sont observés ».

133. Q. — *Pourquoi renaissons-nous?*

R. — Par le désir égoïste inassouvi (Sk. *trishna*, Pali *tanhâ*) pour des choses qui font partie de l'existence personnelle dans le monde matériel. Cette soif inextinguible pour l'existence physique (*bhava*) est une force qui a, par elle-même, un pouvoir créateur si puissant qu'elle ramène l'être à la vie terrestre.

---

(1) Mgr Childers conçoit le Nirvâna au point de vue le plus pessimiste, le regardant comme l'annihilation. Des travaux plus récents sont en complet désaccord avec cette manière de voir.

134. Q. — *La nature de nos désirs non réalisés exerce-t-elle une influence quelconque sur nos réincarnations?*

R. — Oui, ainsi que nos mérites ou démérites personnels.

135. Q. — *Notre mérite ou démérite exerce-t-il une influence sur l'état, la condition, la forme de nos renaissances?*

R. — Oui. La règle, en général, est qu'un excédent de mérite nous assure une prochaine naissance bonne et heureuse; au contraire, un excès de démérite rendra notre future existence misérable et douloureuse.

136. Q. — *Alors, la clé de voûte de la doctrine Bouddhiste est l'idée que tout effet est le résultat d'une cause?*

R. — En effet, d'une cause immédiate ou ancienne.

137. Q. — *Comment appelle-t-on cette causalité?*

R. — Appliquée aux individus, c'est Karma, c'est l'action. Cela signifie que nos propres actes nous rapportent joie ou misère selon la manière dont nous avons agi.

138. Q. — *Un mauvais homme peut-il échapper aux conséquences de son Karma?*

R. — Le *Dhammapada* dit : Il n'existe pas d'endroit sur terre, ni dans le ciel, ni dans la mer, pas plus que dans la moindre fissure des montagnes, où l'auteur d'un acte mauvais puisse se réfugier pour échapper à la rétribution.

139. Q. — *Un homme bon peut-il y échapper?*

R. — Un homme, par suite d'actions d'un mérite particulier, peut obtenir, dans sa prochaine incarnation, des avantages de situation, de corps, de milieu et d'instruction qui écartent les effets du mauvais Karma et aident à son évolution supérieure.

140. Q. — *Comment appelle-t-on ces hommes-là?*

R. — *Gati Sampatti, Upadhi Sampatti, Kala Sampatti,* et *ayôga Sampatti.*

141. Q. — *Ceci est-il d'accord avec le sens commun et les enseignements de la science moderne?*

R. — Parfaitement, on n'en peut douter.

142. Q. — *Tous les hommes peuvent-ils devenir Bouddhas?*

R. — Il n'est pas dans la nature de tout homme de devenir *Bouddha* en un seul Kalpa ou période mondiale; car il faut de longs âges pour qu'un Bouddha se développe et que l'état de l'humanité réclame absolument un tel Instructeur; c'est alors qu'il apparaît pour montrer de nouveau la voie oubliée qui mène au NIRVA'NA.

143. Q. — *Le Bouddhisme enseigne-t-il que l'homme ne renaît que sur notre terre?*

R. — En règle générale, ce serait le cas, jusqu'au moment où l'homme évoluerait au-delà de ce niveau; mais les mondes habités sont innombrables. Le monde dans lequel une personne doit renaître, aussi bien que la condition de sa renaissance elle-même, sont déterminés d'après le plus ou moins de mérite ou de démérite de l'individu. En d'autres termes, sa réincarnation dépendra de ses attractions, dirait la science, ou de son Karma, comme l'expliquent les Bouddhistes.

144. Q. — *Y a-t-il des mondes plus parfaits et d'autres moins développés que notre Terre?*

R. — Le Bouddhisme enseigne qu'il y a des systèmes entiers de mondes (*Sakwalas*) de différentes sortes, plus hauts et plus bas, et que le développement des habitants correspond au degré de supériorité ou d'infériorité de celui de ces mondes sur lequel ils sont placés.

145. Q. — *Le Bouddha n'a-t-il pas résumé sa doctrine complète dans une gâthâ ou strophe?*

R. — Oui.

146. Q. — *Répétez-la?*

R. —   *Sabba pâpassa akaranam*
    Kusalassa upasampadâ
    Sachitta pariyo dapanam —
    Etam Buddhànusâsanam.

    « S'abstenir de toutes actions malfaisantes.

    Générer tout ce qui est bon.

    Purifier son Esprit.

    Tel est le constant conseil des Bouddhas. »

147. Q. — *Les trois premières lignes de ce verset ont-elles quelque chose de particulier?*

R. — Oui : La première renferme l'essence du *Vinâya Pitaka;* la seconde celle du *Sutta,* la troisième celle de l'*Abhidhamma.* Elles comprennent huit mots Pali seulement, et, comme la goutte de rosée réfléchit les étoiles, elles brillent de la spiritualité de tout le Bouddha Dharma.

148. Q. — *Ces préceptes montrent-ils que le Bouddhisme est une religion passive ou active?*

R. — « S'abstenir du péché », peut être considéré comme un état passif, mais « atteindre à la vertu » et « purifier son propre cœur » ou son esprit, exigent des qualités *actives*. Bouddha enseigne que nous ne devons pas nous contenter d'être inoffensifs mais que nous devons être *positivement* bons.

149. Q. — *Quels sont les « Trois Guides » (1) qu'un Bouddhiste est supposé suivre?*

(1) *Saranam.* Wijesinha Mudalyar m'écrit : « Jusqu'ici, les indianistes européens, suivis légèrement dans cette voie par les étudiants Hindous du Pali, ont, d'une façon aussi mal appropriée qu'erronée, traduit ce mot par *Refuge.* Ni l'étymologie Pali ni la philosophie Bouddhiste ne justifient cette traduction. *Refuge,* dans le sens de *lieu de désertion* ou *d'abri* est tout à fait étranger au vrai Bouddhisme qui insiste pour que tout homme travaille à sa propre émancipation. La racine *Srî* en sanscrit (*sara* en Pali) signifie se mouvoir, aller, de sorte que *Saranam* indiquerait un mouvement, ou celui ou ce qui va devant ou avec un autre — un Guide, ou un Aide. Je construis le passage ainsi : *Gacchâmi,* je vais, *Buddhama* à Bouddha, *Saranam,* comme à mon Guide. La traduction du *Tisarana* comme « Les Trois Refuges » a donné naissance à un grand malentendu et a été, pour les anti-Bouddhistes, un fer-

R. — *Ils sont décrits* dans la formule appelée le *Tisarana* : — « Je suis Bouddha comme mon Guide; je suis la Loi comme mon Guide; je suis l'Ordre comme mon Guide ». Ces trois déclarations constituent en fait le Bouddha Dharma.

150. Q. — *Que veut-il dire en répétant cette formule?*

R. — Il veut dire qu'il regarde le Bouddha comme son très sage Instructeur, ami et modèle; la Loi ou la Doctrine, comme contenant les essentiels et immuables principes de Justice et de Vérité et comme étant la voie qui conduit à la paix parfaite de l'Esprit sur la terre; et que, pour lui, les membres de l'Ordre sont les maîtres et les exemples vivants de cette excellente Loi enseignée par le Bouddha.

tile prétexte pour reprocher aux Bouddhistes l'absurdité de prendre Refuge dans des non-entités et de croire à des irréalités. Le terme Refuge n'est pas plus applicable à *Nirvâna* dont *Saranam* est un synonyme ». Le Grand-Prêtre appelle aussi mon attention sur le fait que la racine Pali Gacchâmi peut être rendue ainsi : « Je vais à Bouddha, la Loi, et l'Ordre, comme aux destructeurs de mes craintes; — *le premier par sa prédication, le second par sa vérité axiomatique, le troisième par ses exemples et préceptes vertueux* ».

151. Q. — *Mais, n'y a-t-il pas des membres de cet « Ordre » qui soient intellectuellement et moralement inférieurs?*

R. — Oui, mais Bouddha nous enseigne que, seuls, constituent son « Ordre », ceux qui observent les Préceptes, disciplinent leur intelligence et s'efforcent d'atteindre à l'un des huit degrés de sainteté. Il est expressément déclaré que l'ordre cité dans le « Tisarana » est l' « Attha Ariya Puggala », et s'applique aux nobles êtres qui sont parvenus à l'un des huit degrés de la perfection.

Le simple fait de porter une robe jaune ou même d'avoir reçu l'ordination ne confère pas à un homme la pureté, la sagesse ou le droit au respect.

152. Q. — *Alors, ce ne sont pas les bhikkous indignes que le véritable Bouddhiste accepte pour Guides?*

R. — Certainement non.

153. Q. — *Quelles sont les cinq observances ou préceptes universels appelés Pança Sila, qui sont imposés aux laïques, en général?*

R. — Ils sont inclus dans la formule suivante que les Bouddhistes répètent publiquement dans les temples (*Vihâras*) :

J'observe le précepte de m'abstenir de détruire la vie des êtres.

J'observe le précepte de m'abstenir de voler.

J'observe le précepte de m'abstenir de relations sexuelles illégales (1).

J'observe le précepte de m'abstenir de mensonge.

J'observe le précepte de m'abstenir de m'enivrer.

154. Q. — *Quelle réflexion s'impose à la personne intelligente qui lit ces préceptes?*

R. — Que celui qui les observe strictement échappe à tout ce qui produit les misères humaines. Si nous étudions l'histoire, nous pouvons vérifier que tous les maux dérivent de l'une ou de l'autre de ces causes.

(1) Cette prescription s'applique naturellement aux laïques qui ne font état de professer que les cinq préceptes. Le Bhikkou doit observer le strict célibat. De même le laïque qui s'assujettit à suivre pendant un certain temps huit des dix préceptes, doit garder le célibat pendant ce temps-là. Les cinq préceptes étaient destinés par Bouddha à toutes les catégories de gens. Que l'on soit Bouddhiste ou non, les cinq et les huit préceptes peuvent être avantageusement suivis par tout le monde. Ce qui fait plus spécialement le Bouddhiste, c'est de prendre les « Trois Refuges ».

155. Q. — *Quels sont ceux de ces préceptes qui témoignent le mieux de la Sage prévision du Bouddha?*

R. — Les 1er, 3e et 5e, car le meurtre, la sensualité et l'usage des excitants entre au moins pour 95 pour cent dans les souffrances des hommes.

156. Q. — *Quels bénéfices un homme retire-t-il de l'observation de ces préceptes?*

R. — Il acquiert, dit-on, plus ou moins de mérite, selon la manière, la durée et le nombre de ses observances, c'est-à-dire que s'il observe seulement un précepte, en violant les quatre autres, il ne recueille que le mérite de son observance. Celui qui suit tous les préceptes, avec une inviolable fidélité, s'assure, dans l'avenir, une existence plus haute et plus heureuse.

157. Q. — *Quelles sont les autres observances qu'il est méritoire pour les laïques de suivre volontairement?*

R. — L'*Atthanga Sîla*, ou l'Octuple Précepte qui comprend les cinq règles énumérées ci-dessus (supprimant le mot « illégal » dans la 3e), et en y ajoutant trois articles, savoir :

J'observe le précepte de m'abstenir de manger, quand c'est inutile.

J'observe le présepte de m'abstenir de danser, de chanter, de musique, d'exhibitions inconvenantes, de l'usage des guirlandes, cosmétiques, onctions et ornements.

J'observe le précepte de m'abstenir de lits larges et élevés.

Celui qui est voué au célibat doit éviter ces sièges et ces lits dont les mondains usent par plaisir et satisfaction sensuelle.

158. Q. — *Comment un Bouddhiste décrirait-il le vrai mérite?*

R. — Aucun acte extérieur ne porte en lui-même un grand mérite; tout dépend du motif intérieur qui a provoqué l'action.

159. Q. — *Donnez-en un exemple?*

R. — Un homme riche peut dépenser des lakhs de roupies à bâtir des temples ou des écoles, à ériger des statues de Bouddha, à des fêtes et processions, à nourrir les prêtres, à donner des aumônes aux pauvres, ou à planter des arbres, à creuser des réservoirs, ou encore à construire des maisons de repos, le long des routes, pour les voyageurs, et, cependant, il aura comparativement peu de mérite s'il n'a agi que par ostentation, pour recevoir des louanges ou pour d'autres motifs égoïstes. Mais celui qui fait la moindre de ces choses avec bonté, par tendre charité pour ses semblables, acquiert un grand mérite. Une bonne action, née d'une mauvaise intention, profite aux autres, mais pas à son auteur. Celui qui approuve la bonne action accomplie par un autre en partage le mérite, si sa sympathie est réelle et non feinte. La même règle s'applique également aux mauvaises actions.

160. Q. — *Mais que présente-t-on comme la plus grande de toutes les actions méritoires?*

R. — Le « Dhammapada » déclare que le mérite de répandre le Dharma, la Loi du vrai Devoir est plus grand que celui de toute autre bonne œuvre.

161. Q. — *Quels livres contiennent la sagesse la plus excellente des enseignements de Bouddha?*

R. — Les trois collections de livres appelées *Tripitakas* ou *Trois Paniers*.

162. Q. — *Quels sont les noms des trois Pitakas, ou groupes de livres?*

R. — Le *Vinâya Pitaka*, le *Sutta Pitaka* et l'*Abhidamma Pitaka*.

163. Q. — *Que contiennent-ils, respectivement?*

R. — Le premier contient tout ce qui a trait à la morale et aux règles de discipline pour le gouvernement du Sangha ou de l'Ordre; le second renferme des discours instructifs sur les questions éthiques, applicables à tous; le troisième explique les enseignements psychologiques du Bouddha, comprenant les vingt-quatre lois transcendantales qui expliquent les œuvres de la Nature.

164. Q. — *Les Bouddhistes croient-ils que ces livres aient été inspirés ou révélés par un Etre Divin?*

R. — Non, mais ils les révèrent parce qu'ils contiennent la Très Excellente Loi dont la connaissance permet à tout homme de briser les liens de *Samsara*.

165. Q. — *Combien de mots le texte complet des trois Ptakas compte-t-il?*

R. — Le Dr Rhys-Davids estime qu'il y en a 1.752.800.

166. Q. — *Quand ces livres ont-ils été rédigés?*

R. — Environ 80 ans avant l'ère chrétienne, sous le roi cingalais Wattagamini, ou 330 ans après le Parinirvâna de Bouddha.

167. Q. — *Croit-on que tous les discours du Bouddha nous sont connus?*

R. — Non, probablement que, pendant les quarante-cinq années de sa vie publique, il doit avoir prêché des centaines de fois; beaucoup de ses discours ont dû être perdus ou égarés dans des pays éloignés ou encore mutilés dans les temps de guerre ou de persécution.

168. Q. — *Les Bouddhistes considèrent-ils le Bouddha comme une personne pouvant, par sa propre vertu, nous sauver des conséquences de nos péchés individuels?*

R. — Pas du tout. L'homme doit s'émanciper lui-même. Jusqu'à ce qu'il se libère, il continuera à naître et à renaître, indéfiniment, victime de l'ignorance et esclave de passions inassouvies.

169. Q. — *Qu'était donc le Bouddha pour nous et pour les autres êtres?*

R. — Un très clairvoyant et très sage conseiller qui, ayant découvert la voie du salut, l'a révélée; qui a montré à la fois la cause des souffrances humaines et le seul remède pour les guérir. Il est devenu notre Guide en nous indiquant la route et les moyens d'échapper aux dangers. il est, pour nous, comme celui qui sauve la vie à un aveugle en le dirigeant sur le pont étroit jeté au-dessus d'un torrent rapide et profond.

170. Q. — *Si nous voulions essayer d'exprimer toute la doctrine du Bouddha par un seul mot, quel serait ce mot?*

R. — Justice.

171. Q. — *Pourquoi?*

R. — Parce que cette doctrine enseigne que chaque homme, par l'opération infaillible de KARMA, reçoit exactement la récompense ou le châtiment qu'il a mérité, ni plus, ni moins. Nulle action, bonne ou mauvaise, si insignifiante ou secrète qu'elle puisse être, n'échappe aux exactes balances de Karma.

172. Q. — *Qu'est-ce que Karma* (1) *?*

R. — Une cause opérant, sur le plan moral, comme sur le physique, et sur les autres plans. Les Bouddhistes disent qu'il n'y a

(1) Karma est défini comme la somme totale des actions d'un homme. La Loi de cause et d'effet est appelée le *Paticca Samuppâda Dhamma*, dans l'*Anguttara Nikâya*, le Bouddha enseigne que « mon action est ma possession, mon action est mon héritage, mon action est la matrice qui me porte, mon action est mon parent, mon action est mon refuge ».

pas de miracles dans les affaires humaines :
ce qu'un homme sème, il le récolte.

173. Q. — *Quels sont les autres termes
employés pour exprimer l'essence du Bouddhisme?*

R. — Culture personnelle et amour universel.

174. Q. — *Quelle est la doctrine qui enno-
blit le Bouddhisme et le place si haut parmi
les religions du monde?*

R. — Celle de *Mitta* ou *Maitreya* — la
Compassion. L'importance de cette doctrine
est encore accentuée par le nom de « Mai-
tri » (le Compatissant), donné au Bouddha
à venir.

175. Q. — *Est-ce auprès de l'arbre-Bô que
Bouddha a médité sur tous ces points de
doctrine que vous venez d'expliquer?*

R. — Oui, c'est sur ces points et sur beaucoup d'autres encore qu'on peut lire dans
les Ecritures Bouddhistes. L'ensemble complet du Bouddhisme se présenta à son esprit pendant la Grande Illumination.

176. Q. — *Combien de temps le Bouddha
est-il resté sous l'arbre-Bô?*

R. — Quarante-neuf jours.

177. Q. — *Comment appelons-nous le pre-*

*mier discours prononcé par le Bouddha et
adressé à ses cinq premiers compagnons?*

R. — Le *Dhammacakka-ppavattana sutta,*
— le sutra de la définition de la Règle de
Doctrine (1).

178. Q. — *Quels sujets traita-t-il dans ce
discours?*

R. — Les « Quatre Nobles Vérités » et le
« Noble Sentier Octuple ». Il condamna,
d'une part, les mortifications physiques exa-
gérées des ascètes, et, de l'autre, la recherche des plaisirs sensuels; il indiqua et re-
commanda le noble sentier Octuple comme
la voie moyenne.

179. Q. — *Le Bouddha admettait-il le culte
des idoles?*

_____

(1) Après la première édition de ce catéchisme,
je reçus de l'un des plus érudits écrivains Pali
de Ceylan, feu Corneille Wijesinha, Mudaliar de
Matale, une meilleure signification du mot *Dhammacakka-ppavattana* que celle d'abord donnée, à
savoir « l'établissement du règne de la Loi ». Le
professeur Rhys-Davids préfère « la fondation
du règne de la correction ». L'écrivain précité
dit qu'on peut admettre cette dernière signification, mais qu'elle est plus théologique que philosophique. Le Grand-Prêtre Sumangala est du
même avis.

R. — Nullement, il y était opposé. Le Bouddha condamnait le culte des dieux, démons, arbres, etc. Le culte extérieur est une entrave qu'on droit briser à mesure qu'on s'élève.

180. Q. — *Mais les Bouddhistes ne se prosternent-ils pas devant la statue de Bouddha et ne vénèrent-ils pas ses reliques et les monuments qui les renferment?*

R. — Oui, mais ce n'est pas avec le sentiment de l'idolâtrie.

181. Q. — *Quelle est la différence?*

R. — Notre frère païen prend ses images pour la représentation visible de son ou de ses dieux, l'idolâtre achevé croit en outre que l'idole, objet de son adoration, contient dans sa substance une partie de la divinité omniprésente.

182. Q. — *Que pense le Bouddhiste?*

R. — Le Bouddhiste ne révère la statue de Bouddha et les autres choses mentionnées seulement que comme des souvenirs de l'homme le plus grand, le plus sage, le plus bienveillant et le plus complaisant de cette période mondiale (Kalpa). Toutes les races et tous les peuples conservent avec soin les reliques et ce qui rappelle les hommes et les femmes qui ont été, pour une raison ou pour une autre, considérés comme grands. Le Bouddha, à nos yeux, mérite, plus qu'aucun autre, d'être aimé et révéré par chaque être humain qui connaît la douleur.

183. Q. — *Le Bouddha a-t-il donné son opinion sur ce sujet?*

R. — Certainement. Dans le *Mahâ Pari Nirvâna Sutta*, il dit qu'on n'atteint à la libération qu'en menant la vie sainte selon la noble voie octuple, et non par le culte extérieur (*âmisa pûja*), ni en adressant des hommages soit à lui ou à un autre, soit à des images.

184. Q. — *Que pensait le Bouddha du Cérémonial?*

R. — Dès le commencement, il condamna la coutume des cérémonies et autres pratiques extérieures qui ne tendent qu'à accroître notre aveuglement spirituel et notre attachement aux formes inertes.

185. Q. — *Approuvait-il les Controverses?*

R. — Il dénonce cette pernicieuse habitude dans de nombreux discours. Il prescrivait des pénitences aux Bhikkous qui perdaient leur temps et affaiblissaient leur intuition plus élevée en disputant sur des théories et des subtilités métaphysiques.

186. Q. — *Les charmes, les incantations, le choix des heures réputées favorables, la danse du diable, font-ils partie du Bouddhisme?*

R. — Ils répugnent positivement aux principes fondamentaux du Bouddhisme. Ce sont les débris du fétichisme, du panthéisme et d'autres cultes étrangers. Dans le *Brahmajâla Sutta,* le Bouddha a catégoriquement décrit ces superstitions, et autres du même genre, comme païennes, ignobles et contraires à toute vérité (1).

187. Q. — *Indiquez le contraste frappant qui existe entre le Bouddhisme et ce qu'on peut appeler les religions?*

R. — Entre autres, le Bouddhisme enseigne : la bonté la plus sublime, sans un Dieu

(1) Le mélange de ces arts et pratiques avec le Bouddhisme est un signe de détérioration. Certains faits et phénomènes sont réels et peuvent être expliqués scientifiquement. On les qualifie de « magiques », mais quand on y a recours pour des desseins égoïstes, ils attirent de mauvaises influences et entravent l'avancement spirituel. Quand on s'en servait dans un but inoffensif ou bienfaisant, comme de guérir les malades, sauver la vie, etc., le Bouddha autorisait leur emploi.

créateur; la continuité de la vie, sans accepter la doctrine égoïste et superstitieuse d'une âme-substance éternelle et métaphysique distincte du corps; le bonheur sans un ciel objectif; une méthode de salut sans un sauveur expiatoire; une rédemption dont on est soi-même le Rédempteur. Point de rites, de prières ou de pénitences; ni prêtres, ni intercession des saints, et un *summum bonum,* savoir : le Nirvâna, accessible en ce monde et pendant cette vie, au moyen d'une vie pure, altruiste, vouée à la sagesse et à la compassion envers tous les êtres.

188. Q. — *Spécifiez quelles sont les deux principales divisions de la « méditation » ou le procédé par lequel on supprime la passion et on arrive à la connaissance?*

R. — *Samatha* et *Vidarsana :* 1) on atténue la passion en menant la vie sainte et en faisant un effort continuel pour subjuguer les sens; 2) on atteint à la sagesse supernormale par réflexion. Chacun de ces procédés comprend vingt aspects, inutiles à expliquer ici.

189. Q. — *Quels sont les quatre sentiers ou degrés d'avancement auxquels on peut parvenir?*

R. — 1) *Sotâpatti :* la claire perception

des « quatre nobles vérités », qui permet
d'entrer sur la voie; 2) *Sakârdagâmi,* le chemin de celui qui a dompté la volupté, la
haine, l'illusion, au point qu'il ne doit retourner qu'une fois en ce monde; 3) *Ana-
gami,* le degré de ceux qui se sont tellement
maîtrisés qu'ils n'ont plus à revenir sur cette
terre; 4) *Arhat,* d'état du saint et digne
Arhat qui est non seulement libéré de la
nécessité de se réincarner, mais qui s'est
donné la jouissance de la sagesse parfaite,
de la pitié sans limite pour les ignorants
et les souffrants, et de l'incommensurable
amour pour tous les êtres.

190. Q. — *Le Bouddhisme populaire ne
contient-il que ce qui est vrai et d'accord
avec la science?*

R. — Comme toute autre religion ancienne, il contient certainement aujourd'hui
des erreurs mêlées à la vérité. L'imagina-
tion poétique, le zèle ou les superstitions
conservées par les dévots Bouddhistes, ont,
à différentes époques, ajouté aux nobles
principes de la doctrine morale du Bouddha
des choses qui pourraient être supprimées
avec avantage.

191. Q. — *Quel devrait être l'ardent désir*

*du véritable Bouddhiste, quand ces défor-
mations de la vérité sont découvertes?*

R. — Le Bouddhiste sincère doit être toujours anxieux de voir le faux rejeté et être
prêt, s'il le peut, à contribuer à cette élimi-
nation. Trois grands conseils du Sangha ont
été tenus expressément dans le but de dé-
barrasser le corps de doctrine de toutes les
interpolations malsaines.

192. Q. — *Quand?*

R. — Le premier dans la Grotte de Satta-
panni, immédiatement après la mort du
Bouddha; le second, à Valukarama, en Vai-
sali; le troisième, à Asokarama Vihâra, à
Pataliputra, 235 ans après la mort du
Bouddha.

193. Q. — *Dans quel discours le Bouddha
lui-même nous met-il en garde contre la
perversion probable de la vraie doctrine?*

R. — Dans le *Sangutta Nikâya.*

194. Q. — *Y a-t-il dans le Bouddhisme des
dogmes qu'on doive accepter sans examen?*

R. — Non. Il est vivement recommandé
de ne rien admettre avec une foi aveugle,
que ce soit écrit dans des livres, transmis
par nos ancêtres ou enseigné par les sages.

195. Q. — *Enseigna-t-il vraiment lui-même cette noble règle?*

R. — Oui. Le Bouddha a déclaré que nous ne devions pas croire à une parole, simplement parce qu'elle a été dite; ni aux traditions, parce qu'elles se transmettent depuis l'antiquité; ni aux rumeurs de même origine; ni aux écrits des sages, parce que les sages les ont écrits, ni aux imaginations que nous pouvons supposer avoir été inspirées par un deva (c'est-à-dire une inspiration spirituelle présumée); ni aux déductions que nous pouvons tirer de quelque supposition hasardeuse faite par nous; ni à une analogie qui semble nécessaire; ni à la seule autorité de nos propres maîtres et instructeurs.

196. Q. — *Que devons-nous donc croire?*

R. — Quand les écrits, la doctrine et les paroles sont corroborés par notre conscience et notre propre raison, c'est alors que nous devons croire. « Pour ceci », disait-il, en concluant. « Je vous ai enseigné de ne pas croire uniquement parce qu'on vous l'a dit; mais quand, par votre propre conscience, vous croyez, alors agissez en conséquence, sans réserve. » (Voir le *Kâlâma Sutta* de l'*Anguttara Nikâya* et le *Maha Pari Nirvâna Sutta*.)

197. Q. — *Comment le Bouddha se considérait-il?*

R. — Il disait que lui et les autres Bouddhas ne sont que des « prêcheurs » de vérité qui montrent le chemin, et que c'est à nous-mêmes d'accomplir l'effort.

198. Q. — *Où cela est-il exprimé?*

R. — Au chapitre XX du *Dhammapada*.

199. Q. — *Le Bouddhisme encourage-t-il l'hypocrisie?*

R. — Le *Dhammapada* dit : « Comme une fleur au brillant coloris mais sans parfum, les belles paroles qui ne sont pas suivies d'actes concordants, restent stériles. »

200. Q. — *Le Bouddhisme enseigne-t-il de rendre le mal pour le mal?*

R. — Dans le *Dhammapada*, le Bouddha dit : « Si sottement un homme me fait tort, je lui rendrai avec prodigalité la protection de mon amour; plus il me fera de mal, plus je lui rendrai de bien. » Ceci est la voie suivie par l'Arhat (1). Rendre le mal pour le

_____

(1) Ascète bouddhiste qui, en suivant certaines prescriptions de vie, est parvenu à un état supérieur de développement intellectuel et spirituel. On peut diviser les Arhats en deux groupes prin-

mal est positivement défendu par le Bouddhisme.

cipaux : les *Samathayânika* et les *Sukkha Vipassakka.* Les premiers ont supprimé leurs passions et pleinement développé leurs capacités intellectuelles ou la vue intérieure mystique; les seconds sont également libérés de toute passion, mais n'ont pas acquis les pouvoirs de la mentalité supérieure. Les premiers peuvent produire des phénomènes, les autres ne le sauraient. L'Arhat de la première classe, arrivé au développement complet, échappe aux illusions des sens, à l'esclavage de la passion et à la fragilité humaine. *Il pénètre à la racine de n'importe quel sujet sur lequel son esprit s'arrête,* sans avoir besoin de suivre une série de raisonnements. Sa conquête de lui-même est entière et loin de l'émotion et du désir qui agitent et entravent l'homme ordinaire; il plane dans une condition que le terme « Nirvânique » exprime le mieux. Une populaire et fausse légende répandue à Ceylan prétend que l'état d'Arhat est devenu inaccessible, le Bouddha ayant lui-même prophétisé que le pouvoir nécessaire s'éteindrait mille ans après sa mort. Cette rumeur, et une autre semblable partout repétée dans l'Inde ; — que cette période étant le sombre cycle de *Kali-Yuga,* la pratique de la sublime science spirituelle (Yôga Vidyâ) est impossible, — peuvent être attribuées à l'ingénieuse interprétation de ceux qui devraient être aussi purs et psychiquement sages que leurs prédécesseurs, mais qui ne le sont pas et cherchent des excuses! Le Bouddha a enseigné

201. Q. — *Admet-il la cruauté?*

R. — Non, en vérité! Dans les cinq préceptes et dans un grand nombre de ses discours, le Bouddha nous recommande la compassion envers tous les êtres, qu'il faut aimer tous, et essayer de rendre heureux. Il enjoint aussi de s'abstenir d'ôter la vie, de consentir au meurtre, ou d'en encourager l'exécution.

202. Q. — *Dans quel discours le dit-il?*

R. — Le *Dhammika Sutta* dit : « Que le maître de maison ne détruise ni ne consente à la destruction d'aucune vie *ou ne sanctionne les actes de ceux qui tuent.* Qu'il s'abstienne même de faire mal à une créature quelconque, etc. (1).

203. Q. — *Approuve-t-il l'ivrognerie?*

R. — Dans son *Dhammika Sutta*, il nous

absolument le contraire; il a dit : « Ecoute, Subbhadara! Le monde ne sera jamais privé d'Arhats, si les ascètes (Bhikkous) de mes congrégations *gardent bien et en vérité mes préceptes* ». (Dîgha-Nikâya.)

(1) Kolb, dans son *Histoire de la culture*, dit : « C'est au Bouddhisme que nous sommes redevables de l'usage d'épargner les prisonniers de guerre, jusque-là massacrés; il a également supprimé la coutume d'emmener en captivité les populations des pays conquis ».

met en garde contre l'usage des liqueurs que nous ne devons ni encourager ni approuver chez les autres (1).

204. Q. — *Où mène l'ivrognerie, nous dit-on?*

R. — A la mésestime, au crime, à la folie et à l'ignorance qui est la cause principale de la réincarnation.

205. Q. — *Qu'enseigne le Bouddhisme au sujet du mariage?*

R. — La chasteté absolue étant une condition du développement spirituel complet est très hautement approuvée; mais le mariage avec une seule femme à laquelle on est fidèle est considéré comme relativement chaste. Le Bouddha censurait la polygamie comme plongeant dans l'ignorance et excitant à la débauche.

206. Q. — *Dans quel discours?*

R. — L'*Anguttara Nikâya*. Ch. IV, 55.

207. Q. — *Qu'enseigne le Bouddhisme sur le devoir des parents vis-à-vis des enfants?*

R. — Qu'ils doivent les préserver du vice, les élever dans la vertu; leur faire enseigner les arts et les sciences; les pourvoir de

(1) Le 5ᵉ verset s'occupe seulement de l'absorption de drogues excitantes ou stupéfiantes qui finissent par conduire à l'ivrognerie.

femmes et de maris convenables et en faire leurs héritiers.

208. Q. — *Et le devoir des enfants?*

R. — De soutenir leurs parents âgés ou nécessiteux; de remplir les devoirs de famille qui leur incombent; de garder leurs biens, de se rendre dignes d'être leurs héritiers et, quand ils ne sont plus, d'honorer leur mémoire.

209. Q. — *Et les élèves envers leur instructeur?*

R. — Ils doivent le respecter, le servir, lui obéir; suppléer à ses besoins et écouter ses instructions.

210. Q. — *Et le devoir du mari envers l'épouse?*

R. — La chérir; la traiter avec respect et bonté; lui être fidèle; la faire honorer par les autres et lui assurer les vêtements et les ornements convenables.

211. Q. — *Et l'épouse, vis-à-vis du mari?*

R. — De lui témoigner de l'affection; de bien diriger sa maison; d'être hospitalière aux hôtes; chaste et économe, de montrer de l'habileté et de l'activité en toutes choses.

212. Q. — *Où trouve-t-on ces préceptes?*

R. — Dans le *Sigâlôvâda Sutta.*

6

213. Q. — *Les richesses aident-elles l'homme à conquérir le bonheur futur?*

R. — Le *Dhammapada* dit : « Une est la route qui mène à la fortune; *différente* est celle qui conduit au Nirvâna. »

214. Q. — *Cela veut-il dire qu'aucun homme riche ne peut prétendre au Nirvâna?*

R. — Cela dépend de ce qu'il préfère. S'il emploie sa fortune en faveur de l'humanité, pour aider les souffrants, les opprimés et les ignorants, alors son opulence lui acquiert des mérites.

215. Q. — *Et le contraire?*

R. — Mais si le riche aime et entasse âprement l'argent par passion de le posséder, son sens moral s'affaiblit, le pousse au crime; il est maudit dans cette vie et les effets en sont ressentis dans la prochaine incarnation.

216. Q. — *Que dit le Dhammapada sur l'ignorance?*

R. — Que c'est la pire des tares qu'un homme puisse s'infliger.

217. Q. — *Que dit-il sur la malveillance envers le prochain?*

R. — Que la faute des autres est facilement aperçue et celle qu'on commet soi-même difficile à reconnaître; comme de la menue paille, un homme jette au vent les fautes de son voisin, mais il cache les siennes; c'est ainsi qu'un tricheur dissimule à son partenaire le dé truqué dont il s'est servi.

218. Q. — *Quel est, d'après Bouddha, le devoir envers les pauvres?*

R. — Il dit que l'on devrait diviser son revenu net en quatre parts et en conserver une aux œuvres philanthropiques.

219. Q. — *Quelles sont les cinq occupations considérées comme basses et viles?*

R. — Vendre des boissons alcooliques, vendre des animaux destinés à la boucherie, vendre du poisson, des armes meurtrières, et faire le trafic des esclaves.

220. Q. — *Quelles sont les personnes désignées comme incapables de progresser spirituellement?*

R. — Les assassins de leur père ou mère et des saints Arhats; les bhikkous qui sèment la discorde dans l'ordre; ceux qui cherchent à nuire à la personne d'un Bouddha; ceux qui ont des vues extrêmement nihilistes au sujet de l'existence future et ceux qui poussent la sensualité à l'excès.

221. Q. — *Le Bouddhisme mentionne-t-il des endroits ou des conditions de tourment*

où le Karma d'un mauvais homme peut l'attirer quand il quitte cette vie?

R. — Oui. Ce sont : Sanjîva; Kâlasûtra; Sanghâta; Raurava; Mahâ Raurava; Tapa; Pratâpa; Avîchi.

222. Q. — *Le tourment est-il éternel?*

R. — Certainement non. Sa durée dépend du Karma de l'homme.

223. Q. — *Le Bouddhisme déclare-t-il que ceux qui ne croient pas en Bouddha seront nécessairement damnés?*

R. — Non. Par de bonnes actions, ils pourront jouir d'une période limitée de bonheur, avant de se réincarner, leur *tanhâ* (1) n'étant pas épuisé. Pour échapper à la renaissance, il faut suivre la noble voie Octuple.

224. Q. — *Quelle est la valeur spirituelle de la femme, au point de vue Bouddhiste?*

R. — Selon notre doctrine, elle est sur le pied de la plus parfaite égalité avec l'homme. « La femme », dit le Bouddha, dans le *Chullavêdalla Sutta,* « peut parvenir au degré le plus élevé de sainteté », à l'état d'Arhat, comme l'homme.

225. Q. — *Quelle est l'opinion d'un criti-*

_____

(1) Désir de vivre.

*que moderne au sujet de l'influence Boud-
dhiste sur le sort de la femme?*

R. — Sir Lepel Griffin dit que « le Bouddhisme a plus fait pour le bonheur et l'af-
franchissement de la femme qu'aucune autre croyance religieuse ».

226. Q. —*Qu'enseignait le Bouddha à propos des castes?*

R. — Qu'on n'appartient par la naissance
à aucune caste, Paria ou Brahmane, mais
par les actes. « Par ses actions », dit-il, « on
devient un Paria, par ses actions on devient
un Brahmane. » (Voir *Vasala Sutta.*)

227. Q. — *Donnez un exemple à l'appui?*

R. — Ananda, passant près d'un puits,
avait soif; il demanda de l'eau à Prakriti,
fille Paria. Elle lui répondit qu'elle appartenait à une caste tellement vile qu'il serait
contaminé en prenant l'eau qu'elle lui of-
frirait. Ananda réplique : « Je ne demande
pas la caste, mais l'eau »; et le cœur de la
Paria se réjouit et elle lui donna à boire. Le
Bouddha la bénit pour cela.

228. Q. — *Que disait le Bouddha dans le
Vasala Sutta sur un homme de la caste
Paria Sopâka?*

R. — Que, par ses mérites, il avait atteint
la plus haute renommée; que de nombreux

guerriers et Brâhmanes étaient allés le servir et qu'après la mort, il était né dans le
monde de Brahmâ, alors que beaucoup de
brâhmanes, par leurs mauvaises actions,
naissent en enfer.

229 Q. — *Le Bouddhisme enseigne-t-il
l'immortalité de l'âme?*

R. — Il considère le mot « âme », employé
par les ignorants, comme l'expression d'une
idée fausse. Si toutes choses sont soumises
au changement, l'homme l'est aussi et toutes
ses parties matérielles changent. Ce qui est
sujet à transformation n'est pas permanent, et il ne peut y avoir de survivance im-
mortelle pour un objet passager (1).

230. Q. — *Pourquoi cette objection contre
le mot âme?*

R. — L'idée exprimée par ce mot implique
que l'homme peut être une entité séparée de
toutes les autres entités et de l'existence universelle. Cette idée déraisonnable de séparation ne peut être logiquement prouvée ni
soutenue par la science.

(1) Le mot « âme » employé, ici, est l'équivalent
du grec *psyché*. Le mot « matériel » s'étend à
d'autres états de matière qu'à celui du corps
physique.

231. Q. — *Alors, il n'y a pas de « moi »
séparé, et nous ne pouvons pas dire « mon »
ceci ou cela?*

R. — Exactement. Il n'y a qu'un Tout,
dont nous et tous les êtres et toutes les choses ne sont que des parties.

232. Q. — *Si l'idée d'une « âme » humaine
séparée doit être rejetée, qu'est-ce qui donne
à l'homme l'impression d'avoir une personnalité permanente?*

R. — Tanhâ, ou le désir insatiable de
vivre sur terre. L'être qui a mérité soit une
récompense soit un châtiment futurs, et
que ce désir possède, renaîtra sous l'influence de Karma.

233. Q. — *Qu'est-ce qui renaît?*

R. — Une nouvelle agrégation de Skandhas (1), ou personnalité qui est produite
par la dernière pensée génératrice de la personne expirante.

(1) Après réflexion, j'ai substitué « personnalité » à « individualité » employé dans la première édition. Les apparitions successives sur
une ou plusieurs terres ou les « descentes en génération » des parties cohérentes de la Tanhâ
(Skandhas) d'un certain être, sont une succession
de personnalités. A chaque naissance, la *personnalité* diffère de celle de la précédente incarna-

234. Q. — *Combien y a-t-il de Skandhas?*
R. — Cinq.

235. Q. — Nommez-les?

R. — Rûpa, Vêdanâ, Saññâ, Samkârâ et Viññâna.

236. Q. — *Expliquez brièvement leur signification?*

R. — Rûpa, les qualités matérielles; Vêdanâ, les sensations; Saññâ, les idées abstraites; Samkhârâ, les tendances de l'esprit; Viññana, les pouvoirs de la mentalité, ou conscience. Nous sommes formés de ces diverses dispositions; par elles nous avons conscience de l'existence et nous communiquons avec le monde qui nous entoure.

237. Q. — *A quelle cause peut-on attribuer les différences dans la combinaison des Cinq Skandhas, ce qui établit les dissemblances entre chaque individu?*

tion ou de la suivante. Karma, le *deus ex machina*, se cache (ou dirons-nous se réfléchit), aujourd'hui dans la personnalité d'un sage, ensuite dans celle d'un artisan et ainsi de suite, dans la série des naissances. Mais, quoique les personnalités changent, la ligne de vie à laquelle elles sont attachées, comme les perles à un fil, court au travers, sans interruption. C'est toujours cette *ligne particulière* et non une autre.

R. — Au Karma de l'individu, mûri pendant ses précédentes existences.

238. Q. — *Quelle est la force ou l'énergie mise en œuvre sous la direction de Karma pour produire un nouvel être?*

R. — *Tanhâ*, la volonté de *vivre* (1).

239. Q. — *Sur quoi la doctrine de la réincarnation est-elle fondée?*

R. — Sur la perception que la justice parfaite, l'équilibre et l'ordre sont inhérents au système universel de la Nature. Les Bouddhistes ne croient pas qu'une vie — s'étendant même sur cinq cents ans — soit

(1) L'étudiant peut consulter, avec fruit, Schopenhauer, à ce propos. Le philosophe allemand enseignait que : « Le principal ou Radical de la Nature et de tous les objets, le corps humain inclus, est, intrinsèquement, ce dont nous sommes le plus conscients dans notre propre corps, savoir : La Volonté. L'intellect est une faculté secondaire de la Volonté primordiale, une fonction du cerveau dans lequel cette volonté se réfléchit elle-même comme Nature, objet et corps, ainsi qu'en un miroir... L'intellect est secondaire, mais peut conduire, chez les saints, à une complète renonciation de « Volonté » en tant qu'elle pousse à la « vie »; elle est alors éteinte dans le Nirvâna. (L. A. Sanders, *Theosophist* de mai 1882.)

assez longue pour récompenser ou punir les actes d'un homme. Le vaste cercle des réincarnations sera plus ou moins rapidement parcouru selon la prépondérance de la pureté ou de l'impureté dans les diverses existences de l'individu.

240. Q. — *Cette nouvelle agrégation de Skandhas, cette nouvelle personnalité, est-elle le même être que dans l'existence précédente, ramené à la vie par le désir?*

R. — Ce n'est pas le même ni cependant un autre. Pendant cette vie, les Skandhas changent constamment (1); et si l'homme A. B., par exemple, âgé de 40 ans, est identique, comme personnalité, au jeune A. B. de dix-huit ans, cependant, par l'usure et la réparation continuelles de son corps, par le changement dans l'esprit et le caractère, il est un être différent. Et cependant, devenu un vieillard, A. B. recueille justement la récompense ou la souffrance dérivée de ses pensées et de ses actes aux diverses périodes de sa vie. Ainsi le nouveau réincarné, étant le même individu qu'auparavant, sous une autre forme ou avec une nouvelle agré-

(1) Physiologiquement, le corps de l'homme change complètement tous les sept ans.

gation de Skandhas, récolte justement les fruits de ses pensées et de ses actions pendant l'existence précédente.

241. Q. — *Mais le vieillard se rappelle les incidents de sa jeunesse, quoiqu'il soit physiquement et mentalement changé. Pourquoi, alors, ne nous souvenons-nous pas en cette vie présente de notre dernière incarnation?*

R. — Parce que la mémoire fait partie des Skandhas; et les Skandhas ayant changé avec la nouvelle incarnation, une nouvelle mémoire se développe. Cependant la réminiscence ou la réflexion de toutes les vies passées peut être conservée, car, lorsque le Prince Siddhârtha devint Bouddha, la série complète de ses vies antérieures se déroula devant lui; il n'aurait pu rien voir si les divers incidents qui les avaient marquées n'avaient laissé aucune trace. Celui qui peut atteindre au quatrième état de *Dhyâna* (clairvoyance psychique), se retrace ainsi rétrospectivement le chemin parcouru.

242. Q. — *Vers quel but ultime tendent tous ces changements de forme?*

R. — Nirvâna.

243. Q. — *Le Bouddhisme enseigne-t-il*

*que nous devons faire le bien en vue d'at-
teindre au Nirvâna?*

R. — Non, ce serait aussi égoïste que si la
récompense espérée était de l'argent, un
trône ou une autre satisfaction sensuelle.
Nirvâna ne s'obtient pas ainsi et l'imprudent
spéculateur ne se prépare que déception.

244. Q. — *Veuillez vous expliquer plus
clairement?*

R. — Nirvâna est le synonyme d'altruisme, l'entier abandon de soi au service
de la vérité. L'ignorant aspire au bonheur
nirvânique sans se douter de ce qu'il est.
L'Absence d'égoïsme est Nirvâna... Faire le
bien pour ses résultats ou mener une sainte
vie pour arriver à la béatitude céleste, ce
n'est pas suivre la Noble Vie préconisée
par Bouddha. La Noble Vie doit être vécue
sans espoir de récompense, et c'est la plus
haute vie. On peut l'atteindre à l'état Nirvânique sur cette terre.

245. Q. — *Nommez les dix grands obstacles à l'avancement, appelés les Chaînes
(Sanyojanas).*

R. — S'illusionner sur soi-même (Sak-
kâyaditthi); le doute (Vicikiechâ); être
dépendant de rites superstitieux (Sîlabbata-

parâmâsa); la sensualité et les passions corporelles (Kâma); la haine et la malveillance (Patigha); l'amour de la vie terrestre (Rûparâga); le désir de vivre dans un ciel (Arûparâga); l'orgueil (Mânà); se croire plus juste que les autres (Uddhacca); l'ignorance (Avijjâ).

246. Q. — *Pour devenir Arhat combien de ces fers faut-il briser?*

R. — Tous.

247. Q. — *Quels sont les cinq obstacles ou Niwarânas?*

R. — L'Avidité, la Malice, la Paresse, l'Orgueil et le Doute.

248. Q. — *Pourquoi les enseignements du Bouddha sont-ils remplis de divisions minutieuses de sentiments, impulsions, travail de l'esprit, obstacles et secours, en ce qui concerne l'avancement? Cela jette le débutant dans la confusion!*

R. — C'est pour nous aider à nous connaître nous-mêmes, et accoutumer nos esprits à nous rendre compte en détail de chaque sujet. Par ce système continu d'examen, nous arrivons finalement à savoir et à voir la vérité telle qu'elle est. C'est la marche suivie par tout instructeur sagace pour aider au développement de l'intelligence de son élève.

249. Q. — *Combien de disciples du Bouddha signale-t-on comme spécialement renommés de par leurs qualités supérieures?*

R. — Quatre-vingts. On les appelle les *As'iti Mahâ Sâvakas.*

250. Q. — *Qu'embrassaient la sagesse et la connaissance du Bouddha?*

R. — Il connaissait la nature du Connaissable et de l'Inconnaissable, le Possible et l'Impossible; la cause du Mérite et du Démérite, il pouvait lire les pensées de tous les êtres; il connaissait les lois de la nature, les illusions des sens et les moyens de supprimer les désirs, il pouvait distinguer les naissances et renaissances des individus et bien d'autres choses encore.

251. Q. — *Comment appelle-t-on le principe fondamental sur lequel est édifié l'ensemble de l'enseignement du Bouddha?*

R. — On l'appelle *Paticca Samuppâda* (1).

(1) Ce principe fondamental peut être désigné, en Pali, par *Nidâna*, chaîne des causes ou, littéralement, « Origine de la dépendance ». On compte douze Nidânas, savoir : *Avijjâ*, l'ignorance de la vérité de la religion naturelle; *Sam-*

252. Q. — *Est-ce facile à comprendre?*

R. — C'est extrêmement difficile; en fait, la pleine signification et l'étendue de ce principe dépassent la capacité de ceux qui ne sont pas parfaitement développés.

253. O. — *Quelle est là-dessus l'opinion du grand commentateur Bouddha Ghôsa?*

R. — Que lui-même s'était trouvé aussi impuissant dans ce vaste Océan de pensée que celui qui est entraîné sur l'océan des eaux.

254. Q. — *Alors, pourquoi le Bouddha dit-il dans le Parinibhâna Sutta qu'il « n'a rien de semblable au poing fermé d'un instructeur qui retient quelque chose ». Si son enseignement entier était à la portée de tous, pourquoi un homme, aussi sage et instruit que Bouddha Ghôsa, déclare-t-il qu'on a tant de peine à le comprendre?*

khara, l'action causale, Karma; *Viññana*, la conscience de la personnalité, le « Je suis Moi »; *Nâma Rûpa*, le nom et la forme; *Salayatana*, les six sens; *Phassâ*, la relation; *Veîana*, la sensibilité; *Tanhâ*, le désir de la jouissance; *Upâdâna*, l'attachement; *Bhava*, l'existence individualisée; *Jati*, la naissance, la caste; *Javâ*, soit *marana*, *sôkaparadirêsa*, *dukka*, *dômanassa*, *upâyâsa*, le déclin, la mort, la douleur, le regret, le désespoir.

R. — Le Bouddha voulait dire, évidemment, qu'il enseignait toute chose, sans réserve; mais, il est également certain que la base réelle de la doctrine ne peut être comprise que par celui qui a perfectionné ses facultés de compréhension. Elle est donc cachée et inintelligible aux personnes ignorantes.

255. Q. — *La manière d'enseigner du Bouddha sanctionne-t-elle cette affirmation?*

R. — Il faisait des récits et parlait en paraboles aux masses non éclairées; il prêchait le *Sutta Pitaka* à ceux qui étaient plus avancés; il donnait le *Vinâya Pitaka* pour gouverner les Bhikkous et les Upâsakas; enfin, il réservait l'*Adhidamma Pitaka*, ou l'enseignement philosophique et psychologique, aux esprits les plus élevés.

TROISIEME PARTIE

LE SANGHA

256. Q. — *En quoi les Bhikkous Boud-dhistes diffèrent-ils des prêtres des autres religions?*

R. — Dans les autres cultes, les prêtres prétendent être intercesseurs entre les hommes et Dieu, pour aider à obtenir le pardon des péchés; les Bhikkous Boud-dhistes n'attendent rien d'un pouvoir divin.

257. Q. — *Etait-ce, alors, la peine de créer cet Ordre, cette Fraternité ou société séparée de la majorité du peuple?*

R. — Le but était de permettre aux gens les plus vertueux, intelligents, dévoués, aux esprits spiritualisés d'un pays, de s'éloigner d'un milieu social où leurs désirs sensuels et égoïstes auraient pu se fortifier. Il s'agis-sait de les aider à se vouer à la recherche

de la plus haute sagesse et de les préparer à enseigner, à guider les autres hors de l'agréable chemin qui aboutit à la misère, pour les faire entrer sur la voie ardue au terme de laquelle on arrive au vrai bonheur et à la libération finale.

258. Q. — *Quelles sont les deux observances ajoutées aux huit déjà obligatoires pour les Bhikkous?*

R. — Elles sont ainsi spécifiées :

J'observe le précepte de m'abstenir de danser, de chanter et de me livrer à des exhibitions peu convenables.

J'observe le précepte de ne recevoir ni or ni argent.

Les dix préceptes (*Dasa* ou *Bhikkou Sîla*) sont obligatoires pour *tous* les *Bhikkous* et les *Samaneras* ou Novices, mais les dévots laïques les suivent ou non, à volonté.

Les *Atthanga Sîla* sont pour ceux qui aspirent à des degrés plus élevés que les régions célestes (1), les aspirants au Nirvâna.

_____

(1) L'Upâsaka et l'Upâsikâ les observent pendant les jours saints bouddhistes (*Upôsatha* — S. K. *Upavasantâ*). Ce sont les huitième, quatorzième et quinzième jours de chaque demi-mois lunaire.

259. Q. — *Y a-t-il d'autres règles et préceptes pour la direction et la discipline de l'Ordre?*

R. — Oui, 250; on peut les classer en quatre catégories, sous les titres :

Règles disciplinaires principales (*Pâtimokka Samvara Sîla*).

Observances pour réprimer les sens (*Indriya Samvara Sîla*).

Règlements pour se procurer honnêtement et faire bon usage de la nourriture, le vêtement, etc. (*Paççaya sannissita Sîla*).

Directions pour mener une vie sans tache (*Ajivapâri suddha Sîla*).

260. Q. — *Enumérez quelques-uns des crimes ou des fautes formellement interdits aux Bhikkous?*

R. — Les véritables Bhikkous s'abstiennent :

De détruire la vie des êtres;

De voler;

De faire de fausses démonstrations de pouvoirs « occultes » pour tromper qui que ce soit;

De relations sexuelles;

De mentir;

De faire usage de liqueurs enivrantes et de manger sans nécessité;

De danser, chanter et de se donner en spectacle;

De se servir de guirlandes, parfums, etc.;

De se servir de lits larges et élevés, de couches ou de sièges; de recevoir des présents d'argent, d'or, de grain cru et de viande, de femmes ou jeunes filles, d'esclaves, de bétail, d'éléphants, etc.;

De calomnier;

D'employer un langage dur et de faire des reproches;

De bavarder;

De lire ou d'écouter des contes et des histoires fabuleuses;

De servir de messager entre des laïques;

D'acheter et de vendre;

De tricher, de corrompre par des promesses de tromper et de frauder;

D'emprisonner, de piller et de menacer les autres; de pratiquer certains arts et sciences magiques, tels que dire la bonne aventure, faire des prédictions astrologiques, lire dans la paume de la main et autres sciences qu'on couvre du nom de magie. L'une ou l'autre de ces pratiques retarderait le progrès de celui qui vise à atteindre au Nirvâna.

261. Q. — *Quels sont les devoirs des Bhikkous envers les laïques?*

R. — De leur donner l'exemple d'une haute moralité de les enseigner et de les instruire; de prêcher et d'expliquer la loi; de réciter des textes réconfortants (*Paritta*) aux malades et, publiquement, dans les temps de calamités publiques, quand on le leur demande, et d'exhorter sans cesse les gens à être vertueux; de les détourner du vice, d'être remplis de compassion, de tendresse et de chercher à assurer le bien-être de tout ce qui vit.

262. Q. — *Quelles conditions faut-il remplir pour être admis dans l'Ordre?*

R. — Le candidat est rarement accepté avant sa dixième année; il doit avoir le consentement de ses parents, être exempt de lèpre, d'ulcères, de consomption et de convulsions; être né libre; n'avoir pas de dettes; n'être ni un criminel, ni difforme, ni au service de l'état.

263. Q. — *Quel nom donne-t-on aux novices?*

R. — *Samanera,* pupille (1).

(1) La relation du pupille au Gourou, ou instructeur, est presque la même que celle qui existe,

264. Q. — *A quel âge le novice est-il ordonné moine ou Sramana?*

R. — Pas avant sa vingtième année.

265. Q. — *Que se passe-t-il quand il est prêt pour l'ordination?*

R. — Il est présenté à une assemblée de Bhikkous, par un Bhikkou qui le déclare qualifié; le candidat dit alors : « Je demande le Sangha, révérés Messieurs, pour l'ordination (*Upasampada*), etc. ». Son interlocuteur appuie aussi son admission et elle est accordée.

266. Q. — *Ensuite?*

R. — Il revêt les robes et répète les Trois Refuges (*Tisarana*) et les Dix Préceptes (*Dasa Sîla*).

267. Q. — *Quels sont les deux préceptes essentiels à observer?*

R. — La Pauvreté et la Chasteté. Un Bhikkou, avant l'ordination, doit posséder huit objets, savoir : ses robes, une ceinture pour ses reins, une écuelle pour mendier, un filtre pour clarifier l'eau, un rasoir, une aiguille, un éventail et des sandales. Il peut

chez les chrétiens, du filleul au parrain; elle est seulement plus réelle, car l'instructeur devient père, mère, famille et tout pour son pupille.

encore posséder certaines autres choses strictement spécifiées dans le Vinâya.

268. Q. — *Et la confession publique des fautes?*

R. — Une fois par quinzaine, une cérémonie dite *Patimokka* (Déchargement), a lieu. Chaque Bhikkou y confesse devant l'assemblée les fautes qu'il a commises et se soumet aux pénitences qu'on lui prescrit.

269. Q. — *Quel règlement quotidien suit-il?*

R. — Il se lève avant le jour, se lave, balaye le vihâra et les abords de l'arbre Bô qui croît près de chaque vihâra, apporte la provision d'eau à boire pour la journée et la filtre; se retire pour méditer; offre des fleurs devant le reliquaire ou dâgoba ou devant l'arbre Bô; puis il prend son écuelle et va, de maison en maison, recueillir la nourriture; il ne doit pas demander, mais recevoir dans son bol ce qui est donné volontairement par les habitants. Il rentre, baigne ses pieds et mange; ensuite il médite de nouveau.

270. Q. — *Devons-nous croire qu'il n'y a pas de mérite comme acte d'adoration dans l'offrande de fleurs (mala pîya)?*

R. — Accompli comme une simple formalité l'acte lui-même est sans valeur; mais, si on offre une fleur comme la plus douce, la plus pure expression de la vénération cordiale ressentie pour un être saint, alors, l'offrande est un acte de culte ennoblissant.

271. Q. — *Que fait encore le Bhikkou?*

R. — Il poursuit ses études. Au coucher du soleil, il balaie de nouveau les lieux sacrés, allume une lampe, écoute les instructions de son supérieur et lui confesse les fautes qu'il a pu commettre.

272. Q. — *Sur quels sujets portent ses quatre ferventes méditations (sati-pattkânâ)?*

R. — Sur le corps, *Kayânapassânâ.*

2. Sur les sentiments, *Vedanânupassanâ.*

3. Sur l'esprit, *Chittânupassanâ.*

4. Sur la doctrine, *Dhammânupassanâ.*

273. Q. — *Quel est le but des quatre Efforts (Sammappadhânâ).*

R. — De supprimer les désirs grossiers et de croître en vertu.

274. Q. — *Pour percevoir la plus haute vérité, est-ce la raison ou l'intuition que l'on recommande au Bhikkou?*

R. — L'intuition, état mental pendant lequel toute vérité qu'on désire connaître est instantanément saisie.

275. Q. — *Et quand ce développement est-il atteint?*

R. — Quand, par la pratique de *Jhâna*, on arrive au quatrième degré de développement.

276. Q. — *Devons-nous croire qu'arrivé à la phase finale de Jhâna et dans la condition appelée Samâdhi, l'esprit est comme vide et la pensée suspendue?*

R. — Tout le contraire. C'est alors que la conscience est intensément active et que, simultanément, le pouvoir d'acquérir la connaissance s'élargit.

277. Q. — *Essayez de donner un exemple?*

R. — Dans l'état ordinaire de veille, la perception de la connaissance est aussi limitée que la vue d'un homme marchant sur une route encaissée et bornée par de hautes montagnes; dans la conscience élevée de Jhâna et de Samâdhi, comme l'aigle planant dans les airs, on embrasse tout l'ensemble d'un pays.

278. Q. — *Que disent nos livres sur l'emploi que le Bouddha faisait de cette faculté?*

R. — Ils disent qu'il avait coutume, chaque matin, de jeter un coup d'œil sur le

monde et de voir, par sa divine clairvoyance, où se trouvaient les personnes
prêtes à recevoir la vérité. Il essayait alors,
si c'était possible, de la faire parvenir jusqu'à elles. Quand il recevait des visiteurs,
il regardait leurs esprits, lisait leur secrets
motifs et alors s'adressait à eux, selon leurs
besoins.

QUATRIEME PARTIE

279. Q. — *A notre époque, quel est le nombre des adhérents au Bouddhisme comparé à celui des fidèles des autres religions principales?*

R. — Les fidèles du Bouddha Dharma dépassent en nombre ceux des autres instructeurs religieux.

280. Q. — *Quel chiffre donne-t-on, à peu près?*

R. — Environ cinq cents millions, soit les cinq treizièmes ou pas tout à fait la moitié de la population approximative du globe.

281. Q. — *Quelles sont les grandes batailles livrées, les pays conquis, les effusions de sang humain qui ont contribué à propager le Bouddha Dharma?*

R. — L'histoire ne relate pas qu'une de ces cruautés ou un de ces crimes aient été commis pour propager notre religion. A notre connaissance, pas une goutte de sang n'a été versée dans ce but — (voir le témoignage du Professeur Kolb, dans une note précédente).

282. Q. — *Quel est donc le secret de cette étonnante expansion?*

R. — Ce ne peut être que son excellence intrinsèque; la vérité évidente qui lui sert de base, la sublimité de son enseignement moral et les ressources adéquates qu'il offre à tous les besoins humains.

283. Q. — *Comment le Bouddhisme s'est-il étendu?*

R. — Le Bouddha, pendant les quarante-cinq ans de sa vie d'Instructeur, parcourut l'Inde en prêchant le Dharma. Il envoya les meilleurs de ses disciples faire de même dans le pays.

284. Q. — *Quand envoya-t-il ses missionnaires pionniers?*

R. — Au mois d'octobre, le jour de la pleine lune.

285. Q. — *Que leur disait-il?*

R. — Il les réunissait et disait : « Allez

Bhikkous, allez et prêchez la Loi au monde. Travaillez pour le bien des autres autant que pour le vôtre... Portez les bonnes nouvelles à tous les hommes. Ne soyez pas deux à prendre le même chemin ».

286. Q. — *Combien de temps avant l'ère chrétienne cela se passait-il?*

R. — Environ six siècles.

287. Q. — *Les Rois aidèrent-ils au mouvement?*

R. — En même temps que les classes inférieures, de grands Rois, des Rajahs et des Maharajahs se convertirent et usèrent de leur influence pour répandre la doctrine.

288. Q. — *Que dit-on des pèlerins?*

R. — De différentes contrées, il vint, dans l'Inde, des pèlerins instruits qui rapportèrent chez eux des livres et des instructions, de sorte que, graduellement, des peuples entiers, délaissant leurs croyances, embrassèrent le Bouddhisme.

289. Q. — *Quel est celui auquel le monde est particulièrement redevable de l'établissement permanent du Bouddhisme?*

R. — A l'empereur Asoka, surnommé le Grand, quelquefois Piyadâsi, quelquefois

Dharmâsoka. Il était fils de Bindusâra, roi de Magadha et petit-fils de Chandragupta, qui chassa les Grecs de l'Inde.

290. Q. — *A quelle époque régna-t-il?*

R. — Dans le IIIe siècle avant Jésus-Christ; environ deux cents ans après Bouddha. Les historiens, sans être d'accord sur la date exacte, s'écartent peu de ces chiffres.

291. Q. — *Par quoi fut-il grand?*

R. — L'histoire de l'Inde ne cite pas de plus puissant monarque comme guerrier et homme d'Etat; mais ses plus nobles caractéristiques furent son amour de la justice et de la vérité, sa tolérance au milieu des divergences religieuses, l'équité de son gouvernement, la bonté témoignée aux malades, aux pauvres et aux animaux. De la Sibérie à Ceylan, son nom est révéré.

292. Q. — *Etait-il né Bouddhiste?*

R. — Non, il fut converti par un Arhat, Nigrodha Samanera, dix ans après avoir été oint comme roi.

293. Q. — *Que fit-il pour les Bouddhistes?*

R. — Il chassa les mauvais religieux (bhikkous) et soutint les bons, bâtit des monastères et des sanctuaires partout, créa des jardins, ouvrit des hôpitaux pour les hommes et les animaux, convoqua un conseil à Patna pour reviser et rétablir le Dhàrma; encouragea l'éducation religieuse des femmes et envoya des ambassades à quatre Rois Grecs, ses alliés, et à tous les souverains de l'Inde, pour prêcher les doctrines du Bouddha. Ce fut lui qui éleva les monuments de Kapilavastu, Bouddha Gâyâ, Isipatana et Kusinârâ, nos quatre principaux pèlerinages, et des milliers d'autres.

294. Q. — *Quelles preuves a-t-on pour confirmer sa noble réputation?*

R. — Récemment on a découvert, dans toutes les parties de l'Inde, quatorze de ses Edits inscrits sur des rochers et huit sur des colonnes érigées par ses ordres. Ils démontrent l'élévation d'esprit et la sagesse qui le mettent au rang des meilleurs souverains qui aient vécu.

295. Q. — *Comment ces inscriptions présentent-elles le Bouddhisme?*

R. — Comme une religion toute de tolérance, de fraternité universelle, de rectitude et de justice. Il ne s'y trouve pas l'ombre d'égoïsme, de sectarisme ou d'intolérance.

Ces inscriptions, plus que tout autre chose, ont contribué à attirer au Bouddhisme le respect que lui rendent maintenant les savants occidentaux.

296. Q. — *Quel don précieux cet empereur Dharmâsoka fit-il au Bouddhisme?*

R. — Il donna son fils bien-aimé, Mahinda, et sa fille Sanghamittâ, à l'Ordre et les envoya à Ceylan pour y introduire la doctrine.

297. Q. — *Ce fait est-il relaté dans l'histoire de Ceylan?*

R. — Oui, il est raconté dans le « Mahavansa », par les conservateurs des Annales royales, qui vivaient alors et virent les missionnaires.

298. Q. — *Existe-t-il encore une preuve visible de la mission de Sanghamittâ?*

R. — Oui, elle apporta et planta à Ceylan une branche de l'authentique arbre Bôdhi sous lequel le Bouddha était assis quand il fut Illuminé, et l'arbre qui en provient existe encore.

299. Q. — *Où?*

R. — A Anurâdhapura. L'histoire en a été officiellement conservée jusqu'à présent. Planté en 306 avant J.-C., c'est l'arbre historique le plus ancien du monde.

300. Q. — *Quel était le roi régnant à cette époque?*

R. — Dêvanampiyatissa. Son épouse, la reine Anulâ, avait invité Sanghamittâ à venir et à établir une branche féminine de l'Ordre.

301. Q. — *Sanghamittâ était-elle accompagnée?*

R. — Oui, par beaucoup d'autres moinesses (bhikkounîs). Elle admit dans l'Ordre, après un certain temps, la reine et de nombreuses femmes de sa cour, ainsi que 500 vierges.

302. Q. — *Connaît-on l'œuvre accomplie à l'Etranger par les missionnaires de l'Empereur Asoka?*

R. — Son fils et sa fille introduisirent le Bouddhisme à Ceylan; ses moines, après y avoir amené toute l'Inde du Nord, furent accueillis dans quatorze autres nations hindoues et chez cinq rois Grecs, alliés d'Asoka, qui avaient conclu avec eux des traités en faveur de ses prédicateurs religieux.

303. Q. — *Pouvez-vous nommer les rois Grecs?*

R. — Antiochus, de Syrie; Ptolémée, d'Egypte; Antigonus, de Macédoine; Margas, de Cyrène; et Alexandre, d'Epire.

8

304. Q. — *Où trouvons-nous ces renseignements?*

R. — Dans les édits mêmes d'Asoka le Grand, inscrits sur les rocs ou les piliers de pierre qui sont encore debout, ainsi que peuvent le vérifier les visiteurs de ces lieux.

305. Q. — *Quelles furent, en Occident, les communautés religieuses qui accueillirent le Bouddha Dharma et en imprégnèrent la pensée occidentale?*

R. — Les Thérapeutes d'Egypte et les Esséniens de Palestine.

306. Q. — *A quelle époque les livres Bouddhistes furent-ils introduits en Chine?*

R. — Deux livres Pali, le *Samanta Pasâdikâ* et le *Sârattha Dîpanî*, disent que cinq moines de Darmâsoka (l'empereur Asoka) furent envoyés dans les cinq parties de la Chine dès le IIIe siècle avant J.-C.

307. Q. — *Par où le Bouddhisme pénétrat-t-il en Corée et quand?*

R. — Par la Chine, en 372 après J.-C.

308. Q. — *Et au Japon?*

R. — Par la Corée, en 552.

309. Q. — *Et quand fut-il propagé en Cochinchine, à Formose, en Mongolie, Yar-*

kan, Balk, Bokhara, Afghanistan et autres contrées de l'Asie Centrale?

R. — Apparemment vers le IVe ou le ve siècle de l'ère chrétienne.

310. Q. — De Ceylan, où se répandit-il et vers quelle époque?

R. — Au Birman, en 450, et de là, par degrés, à Arakan, au Cambodge et au Pégou. Au VIIe siècle, il pénétra au Siam, y devint la religion d'Etat et s'y maintient depuis.

311. Q. — En dehors de la Chine, et par le Kashmir, où s'étendit-il?

R. — Au Népaul et au Thibet.

312. Q. — Pourquoi le Bouddhisme, après avoir été la religion dominante de l'Inde, y est-il maintenant presque éteint?

R. — Le Bouddhisme fut d'abord pur et noble, le véritable enseignement de Tathâgata; son Ordre était vertueux et observait les préceptes; il gagnait tous les cœurs et portait la joie au milieu de nombreuses nations, comme l'aube dorée envoie la vie aux fleurs. Mais, après quelques siècles, de mauvais moines reçurent l'ordination; l'Ordre devint riche, paresseux et sensuel, la doctrine (du Dharma) fut corrompue et les nations Indiennes l'abandonnèrent.

313. Q. — *Ne se produisit-il pas un événe-*
ment vers le IXe *ou le* X^e *siècle qui hâta la*
chute du Bouddhisme?

R. — Oui.

314. Q. — *Est-ce autre chose que la déca-*
dence spirituelle, la corruption de l'Ordre et
la réaction de la populace ayant perdu le
haut idéal humain pour tomber dans l'ido-
lâtrie inintelligente?

R. — Oui. Les Musulmans envahirent,
foulèrent et prirent de vastes territoires
Hindous et firent partout d'énergiques efforts pour supprimer notre religion.

315. Q. — *De quels actes cruels accuse-*
t-on les Musulmans?

R. — Ils brûlèrent, abattirent et détruisi-
rent par tous les moyens possibles nos Vihâras, égorgèrent nos prêtres et jetèrent au feu
nos livres sacrés.

316. Q. — *Notre littérature fut-elle com-*
plètement détruite dans l'Inde?

R. — Non. Beaucoup de bhikkous s'en-
fuirent au Thibet ou gagnèrent d'autres refuges assurés, emportant leurs livres avec
eux.

317. Q. — *A-t-on récemment découvert*
des traces de ces livres?

R. — Oui. Rai Bahadur Sarat Chandra Dâs, pandit distingué du Bengale, en a vu des centaines dans les bibliothèques des monastères du Thibet; il a rapporté des copies de quelques-uns des plus importants et il est maintenant chargé par le Gouvernement de l'Inde de les éditer et de les publier.

318. Q. — *Dans quel pays a-t-on raison de croire que les livres sacrés du Bouddhisme primitif ont été le mieux conservés et le moins altérés?*

R. — A Ceylan. L'Encyclopédie Britannique dit que le Bouddhisme, dans cette île, a pour des raisons spécifiées « presque gardé jusqu'à nos jours sa pureté primitive ».

319. Q. — *Une revision du texte des Pitakas a-t-elle été faite dans les temps modernes?*

R. — Oui, une soigneuse revision de l'ensemble de l'œuvre a été faite à Ceylan, en 1873, par une Commission composée des bhikkous les plus instruits sous la présidence de H. Sumangala, Pradhana Sthavira.

320. Q. — *Y a-t-il eu des relations amicales, dans l'intérêt du Bouddhisme, entre les*

*populations Bouddhistes du Sud et celles
du Nord de l'Inde?*

R. — En 1891, une tentative qui réussit
fut faite pour amener les Pradhana Nâya-
kas des deux grandes divisions à s'enten-
dre et à accepter quatorze propositions ren-
fermant les croyances Bouddhistes fonda-
mentales, reconnues et enseignées des deux
côtés. Ces propositions rédigées par le colonel Olcott furent soigneusement traduites
en Birman, Cingalais et Japonais. Discutées
une à une, elles furent adoptées à l'unani-
mité, signées par les principaux moines et
publiées en janvier 1892 (1).

321. Q. — *Quel fut le résultat?*

R. — De nombreux moines japonais et
ascètes (bhikkous et samaneras) furent envoyés à Ceylan et dans l'Inde pour étudier
le Pali et le Sanscrit en témoignage de la
bonne entente établie.

322. Q. — *Remarque-t-on que le Bouddha
Dharma occupe l'attention dans les pays
non bouddhistes?*

R. — Oui. Des traductions de nos livres
les plus importants ont paru, ainsi que de

(1) Voir l'Appendice.

nombreux articles dans la presse ou les revues; d'excellents traités originaux sont publiés par des auteurs distingués. De plus, des conférenciers Bouddhistes ou non Bouddhistes exposent publiquement le Bouddhisme en Occident devant des auditoires considérables. La secte Bouddhiste Japonaise Shin-Shu, vient d'établir des missions à Honolulu, San-Francisco, Sacramento et autres contrées d'Amérique.

323. Q. — *Quelles sont les deux idées principales de notre doctrine, qui sont volontiers accueillies par l'esprit occidental?*

R. — Celles du Karma et de la Réincarnation. La rapidité avec laquelle elles sont acceptées est très surprenante.

324. Q. — *Comment expliquer cela?*

R. — Par leur évidente raison et la satisfaction qu'elles donnent à l'instinct naturel de la justice.

CINQUIEME PARTIE

LE BOUDDHISME ET LA SCIENCE

325. Q. — *Le Bouddhisme peut-il être considéré comme une religion scientifique ou doit-on le classer parmi les religions « révélées » ?*

R. — Ce n'est pas une religion révélée. Le Bouddha ne l'a jamais donnée pour telle et personne ne l'a admise sous cet aspect. Au contraire, il l'a exposée comme étant l'affirmation de vérités éternelles, enseignées, avant lui, par ses prédécesseurs.

326. Q. — *Redites encore le nom du Chapitre (Sutta) dans lequel le Bouddha nous dit de ne pas accepter une prétendue révélation sans l'avoir soumise à l'épreuve de la raison et de l'expérience ?*

R. — Le *Kâtâma Sutta* de *l'Anguthara Nikâya*.

327. Q. — *Les Bouddhistes acceptent-ils la théorie que toute chose a été formée de rien par un Créateur?*

R. — Le Bouddha a enseigné que deux choses sont éternelles, savoir : *A'kâsa* et *Nirvâna*. Toute chose sort d'A'kâsa, en vertu d'une loi de mouvement qui lui est inhérente, et, après une certaine existence, disparaît. Rien n'est jamais sorti de rien. Nous ne croyons pas aux miracles, en conséquence, nous nions la création et ne pouvons concevoir une création quelconque sortant de rien. Rien d'organique n'est éternel. Toute chose est en un état constant de flux et reflux et subit des changements et modifications qui assurent la continuité, suivant la loi d'évolution.

328. Q. — *Que dit le Bouddha, au vénérable Kaskyapa, au sujet de la source commune de toutes choses?*

R. — Il dit que « toutes choses sont faites d'une essence (*swâbhâva*), et que, cependant, les choses sont différentes selon les formes qu'elles revêtent, sous l'influence d'impressions diverses ».

329. Q. — *Quel nom la science donne-t-elle a cette production de toutes choses par une essence?*

R. — L'Evolution.

330. — *Les Bouddhistes croient-ils à la matière éternelle?*

R. — Ils y croient, quant à son essence. S'il en était autrement, cela impliquerait que nous croyons à sa miraculeuse création. La matière, telle que nous la connaissons, n'est qu'une manifestation d'A'kâsa, et les formes matérielles en sont les passagères modifications.

331. Q. — *Le Bouddhisme est-il hostile à l'instruction et à l'étude de la science?*

R. — Bien au contraire : dans le *Sigâlo-wâda Sutta,* un discours du Bouddha spécifie que l'un des devoirs de l'instructeur est d'initier ses élèves « à la science et à l'érudition ». Les hauts enseignements du Bouddha sont réservés aux penseurs, aux sages, aux gens éclairés.

332. Q. — *Pouvez-vous montrer d'autres rapports entre le Bouddhisme et la science?*

R. — La doctrine du Bouddha enseigne que la race humaine a eu de nombreux ancêtres, et, aussi, qu'il y a un principe de différenciation parmi les hommes. Certains individus ont une plus grande aptitude que d'autres pour atteindre rapidement à la Sagesse et arriver au NIRVANA.

333. Q. — *Quoi, encore?*

R. — Le Bouddhisme soutient la théorie de l'indestructibilité de la force.

334. Q. — *Le Bouddhisme serait-il une donnée de science ou un code de morale?*

R. — A proprement parler c'est une pure philosophie morale, un système d'éthique et de métaphysique transcendantale, et si éminemment positif que le Bouddha garda le silence quand Malunka lui demanda quelle était l'origine des choses.

335. Q. — *Pourquoi fit-il cela?*

R. — Parce qu'il pensait que notre objet principal doit être de voir les choses telles qu'elles existent autour de nous, et d'essayer de les améliorer, sans perdre de temps en spéculations intellectuelles.

336. Q. — *Comment les Bouddhistes expliquent-ils que de mauvais parents donnent naissance à de sages et très bons enfants et que de très mauvais enfants naissent de parents excellents?*

R. — Ils donnent pour raison les Karmas respectifs des enfants et des parents; cha-

cun ayant pu mériter que d'aussi exception-
nelles parentés soient établies pendant cette
existence.

337. Q. — *Est-il fait mention d'une lueur
brillante émanant du corps du Bouddha?*

R. — Oui, c'était un radieux éclat intérieur se répandant au dehors, par le pouvoir
de sa sainteté.

338. Q. — *Comment nomme-t-on cette
lueur en Pali?*

R. — *Buddharansi*, les rayons du
Bouddha.

339. Q. — *Combien de couleurs pou-
vait-on y voir?*

R. — Six, liées deux par deux.

340. Q. — *Leurs noms?*

R. — *Nila, Pita, Lohita, Avadata, Man-
gasta, Prabhasvara.*

341. Q. — *D'autres personnes émirent-
elles ces brillantes lueurs?*

R. — Oui, tous les Arhats le firent, et, en
fait, la force et l'éclat de la lumière sont
proportionnés au développement spirituel
de la personne.

342. Q. — *Où voit-on ces couleurs repré-
sentées?*

R. — Dans tous les vihâras où sont peintes des images du Bouddha. On les voit aussi dans les rayures du drapeau bouddhiste, fait d'abord à Ceylan, mais adopté maintenant dans les contrées bouddhistes.

343. Q. — *Dans quel discours le Bouddha lui-même parle-t-il de cette clarté qui l'environnait?*

R. — Dans la *Maha-Parinibbâna Sutta.* Ananda, son disciple favori, remarquant la grande splendeur qui venait du corps de son maître, le Bouddha dit que cet extraordinaire éclat se produisait dans deux circonstances : *a)* à l'instant où un *Tathâgata* obtient la vue intérieure suprême; et *b)* la nuit pendant laquelle il s'éloigne définitivement de son corps physique.

344. Q. — *Où lisons-nous qu'une aussi grande lumière a été émise par le corps d'un autre Bouddha?*

R. — Dans l'histoire de Sumedha et Dipânkara Bouddha, qu'on trouve dans le *Nidânakathâ* du livre *Jâtaka* ou histoire des réincarnations du Bodhisattva Siddhartha Gautama.

345. Q. — *Comment est-ce décrit?*

R. — Comme un halo de six pieds de profondeur.

346. — *Quel nom les Hindous donnent-ils à cela?*

R. — Tejas, et ils nomment l'étendue du rayonnement *Prakasha*.

347. Q. — *Et les Européens, maintenant, comment l'appellent-ils?*

R. — L'Aura humaine.

348. Q. — *Quel est le savant qui, le premier, a prouvé l'existence de cette aura par des expériences soigneusement conduites?*

R. — Le Baron de Reichenbach. Ses expériences sont décrites dans ses « Recherches » publiées en 1844. Le Dr Baraduc, de Paris, a tout récemment photographié cette lumière.

349. Q. — *Cette brillante Aura est-elle un miracle ou un phénomène naturel?*

R. — Naturel. Il est prouvé que, non seulement tous les êtres humains ont cette aura, mais aussi les animaux, les arbres, les plantes, voire même les pierres.

350. Q. — *Quelle particularité offre l'aura d'un Boudda ou d'un Arhat?*

R. — Elle est immensément plus brillante et plus étendue que celle des autres êtres et surtout des objets, ce qui démontre leur développement supérieur et leurs pouvoirs. On a vu cette lueur sortir de dâgobas à Ceylan où on disait que des reliques du Bouddha étaient enchâssées.

351. Q. — *En dehors du Bouddhisme et de l'Hindouisme, parle-t-on aussi de cette lumière dans d'autres religions?*

R. — Oui, les artistes chrétiens, dans leurs tableaux, représentent les saints personnages nimbés ou enveloppés de cette clarté. On retrouve les traces de cette croyance dans d'autres religions.

352. Q. — *Quel est l'incident historique sur lequel peut s'appuyer la théorie moderne de la suggestion hypnotique?*

R. — Celui de Chullapanthaka, ainsi qu'il est raconté dans le commentaire Pali sur le *Dhammapada*.

353. Q. — *Précisez le fait?*

R. — Chullapanthaka était un bhikkou qui devint Arhat. Ce même jour le Bouddha lui envoya un messager pour l'appeler. Quand l'homme atteignit le Vihâra, il vit un groupe formé par 300 bhikkous se ressemblant tous de façon identique. A sa question, qui est Chullapanthaka, chacun répondit : « Je suis Chullapanthaka ».

354. Q. — *Que fit le messager?*

R. — Dans sa confusion, il retourna conter ce qu'il avait vu au Bouddha.

355. Q. — *Que fit le Bouddha?*

R. — Il lui enjoignit de retourner au Vihâra et, si la même chose se produisait, de saisir par le bras la première personne qui dirait qu'elle était Chullapantaka et de la lui amener. Le Bouddha savait que le nouvel Arhat aurait ainsi manifesté son pouvoir nouveau en montrant au messager d'illusoires aspects de lui-même.

356. Q. — *Comment nomme-t-on, en Pali, ce pouvoir de faire naître l'illusion?*

R. — *Vikubbana Iddhi.*

357. Q. — *Les illusoires reproductions de la personne de l'Arhat étaient-elles physiques? Etaient-elles composées de substance et auraient-elles pu être senties et maniées par le messager?*

R. — Non; c'étaient des images que la pensée et la volonté exercée de l'Arhat imposaient à l'esprit du messager.

358. Q. — *A quoi pourriez-vous comparer ces images?*

R. — A la réflexion d'un homme sur un miroir, exactement semblable à lui, mais impalpable.

359. Q. — *Etait-il nécessaire de créer cette illusion dans l'esprit du messager?*

R. — Cullapanthaka constatait ainsi qu'il concevait parfaitement son exacte apparence et qu'il pouvait la graver autant de fois qu'il le voulait sur le cerveau impressionnable du messager.

360. Q. — *Comment nomme-t-on maintenant ce procédé?*

R. — La suggestion hypnotique.

361. Q. — *Un tiers aurait-il pu voir aussi ces images illusoires?*

R. — Cela aurait dépendu de la volonté de l'Arhat ou de l'hypnotiseur.

362. Q. — *Qu'entendez-vous par là?*

R. — Supposons qu'aü lieu d'une seule personne, il y en eût cinquante ou cinq cents : l'Arhat pouvait vouloir que l'illusion fût partagée par tous, au même degré ou, à son choix, qu'elle frappât le seul messager.

363. Q. — *Cette branche de la science est-elle bien connue de nos jours?*

R. — Oui, elle est familière à tous ceux qui étudient le mesmérisme et l'hypnotisme.

364. Q. — *En quoi la croyance scientifique moderne s'accorde-t-elle avec la théorie du Karma, enseignée par l'Hindouisme et le Bouddhisme?*

R. — Les savants modernes professent que chaque génération subit les conséquences des vertus et des vices qui lui sont légués par la génération précédente, non en masse, mais individuellement. Chacun d'entre nous, selon le Bouddhisme, naît dans une condition qui représente les causes qu'il a générées dans une vie antérieure. Telle est l'idée du Karma.

365. Q. — *Que dit le Vâsettha Sutta sur la causalité dans la Nature?*

R. — Il dit : « Par la causalité, le monde existe; toutes choses existent par elle; tous les êtres sont liés à elle. »

366. Q. — *Le Bouddhisme enseigne-t-il l'immuabilité de l'univers visible : notre terre, le soleil, la lune, les étoiles, les règnes minéral, végétal, animal et humain?*

R. — Non. Il enseigne que tout change sans cesse et que tout doit disparaître, au cours du temps.

367. Q. — *Pour ne jamais reparaître?*

R. — Non, vraiment; le principe d'évolution, guidé par le Karma individuel et collectif, évoluera un autre univers et son contenu, comme notre univers a été évolué de l'A'kâsa.

368. Q. — *Le Bouddhisme admet-il que l'homme possède des pouvoirs latents capables de produire les phénomènes vulgairement appelés « miracles »?*

R. — Oui, mais ces pouvoirs sont naturels, non surnaturels. Ils peuvent être développés par un certain système exposé dans nos livres sacrés; le *Visuddhi Mârya*, par exemple.

369. Q. — *Quel est le nom de cette branche de la science?*

R. — En Pali : *Iddhi Vidhañâna*.

370. Q. — *Y en a-t-il plusieurs systèmes?*

R. — Deux : *Lankika*, méthode au moyen de laquelle on obtient temporairement le pouvoir de produire des phénomènes; elle consiste en pratiques ascétiques, absorption de certaines drogues, récitation de *mantras* (charmes) et autres aides extérieures; et le *Lôkôttara* qui est un développement intérieur donnant un pouvoir autrement étendu que celui dont il vient d'être parlé.

371. Q. — *Quels sont les hommes qui jouissent de ces pouvoirs?*

R. — Ceux qui les développent graduellement par une certaine méthode ascétique nommée *Dhyâna*.

372. Q. — *Peut-on perdre ce pouvoir (Iddhi) (1)?*

R. — Le *Lankika* peut être perdu, mais non le *Lôkôttara* qui est acquis pour toujours. C'est par cette dernière et inaliénable connaissance seule que l'Arhat peut connaître la condition absolue de Nirvâna, et on ne parvient à la posséder qu'en suivant la noble vie du chemin Octuple.

373. Q. — *Le Bouddha avait-il le Lôkôttara Iddhi?*

(1) Sumangala Sthavira m'a expliqué que ces pouvoirs transcendantaux ne sont permanents que chez celui qui a maîtrisé toutes les passions, en un mot, un Arhat. Ces pouvoirs peuvent être développés par un mauvais homme et servir à de pervers desseins, mais, alors, leur activité ne dure pas, les passions rebelles dominent de nouveau le sorcier qui devient à la fin leur victime.

R. — Oui, à la perfection.

374. Q. — *Et ses disciples, l'avaient-ils?*

R. — Quelques-uns, oui, mais inégalement; la capacité d'acquérir ces pouvoirs occultes varie selon l'individu.

375. Q. — *Donnez des exemples?*

R. — De tous les disciples du Bouddha, Mogallâna était celui qui possédait les plus extraordinaires pouvoirs pour produire des phénomènes, tandis qu'Ananda, le disciple intime et personnel du Bouddha, ne put en développer aucun pendant vingt-cinq années. Plus tard, il y parvint, ainsi que le Bouddha l'avait prédit.

376. Q. — *Un homme acquiert-il ces pouvoirs subitement ou graduellement?*

R. — Normalement, ils se développent par degrés, à mesure que le disciple contrôle sa nature inférieure durant une série d'existences (1).

_____

(1) Quand les pouvoirs se déclarent subitement, on conclut que l'individu s'était développé dans sa précédente incarnation. Nous ne croyons pas au renversement anormal de la loi naturelle.

377. Q. — *Le Bouddhisme prétend-il qu'il soit possible de ressusciter les morts?*

R. — Non. Le Bouddha enseigne le contraire dans la belle histoire de Kisâ Gôtamî et de la graine de moutarde. Mais quand une personne paraît être morte, quoiqu'elle ne le soit pas, la résurrection est possible.

378. Q. — *Combien y a-t-il de stages successifs pour arriver au pouvoir par le développement Lôkôttara?*

R. — Il y a six degrés, accessibles aux Arhats; ce qui est supérieur ne peut être atteint que par un Bouddha.

379. Q. — *Décrivez ces six stages ou degrés?*

R. — On peut les diviser en deux groupes de trois. Le premier comprend : 1) le pouvoir graduellement obtenu de remonter, dans le passé, à l'origine des choses; 2) la clairvoyance progressive ou le pouvoir de prophétiser; 3) l'extinction graduelle des désirs et des attachements matériels.

380. Q. — *Et le second groupe que comporte-t-il?*

R. — Les mêmes facultés... illimitées. Ainsi l'Arhat complet possède la vue rétrospective parfaite, la clairvoyance parfaite, et ne conserve pas la moindre trace de désir ou d'attrait égoïste.

381. Q. — *Quels sont les quatre moyens qui permettent de parvenir à ce pouvoir?*

R. — La volonté, ses efforts, le développement mental et le discernement du juste et de l'injuste.

382. Q. — *Nos écritures relatent des centaines de phénomènes produits par des Arhats : comment appelez-vous cette faculté ou pouvoir?*

R. — *Iddhi vidha.* Celui qui le possède peut, en manipulant les forces de la nature, produire n'importe quel étonnant phénomène, c'est-à-dire faire telle expérience scientifique à son choix.

383. Q. — *Le Bouddha encourageait-il ces sortes de manifestations?*

R. — Non, il les désapprouvait expressément; il trouvait qu'elles jetaient la confusion dans les esprits de ceux qui n'en connaissaient pas les principes et offraient le danger de porter leurs auteurs à les répéter, soit par vanité personnelle, soit pour satisfaire à une frivole curiosité. De plus, des phénomènes semblables peuvent être produits par des sorciers ou magiciens versés

dans le *Lankika* ou la forme la plus inférieure de la science *Iddhi*. Toute fausse
prétention de moine au pouvoir surnaturel
est mise au nombre des impardonnables
péchés (*Tevijja sulla*).

384. Q. — *Vous avez parlé d'un « deva »
qui apparut au Prince Siddârtha sous des
formes variées : quelle est la croyance des
Bouddhistes au sujet des races d'êtres élé-
mentaux invisibles ayant des relations avec
l'humanité?*

R. — Ils croient que ces êtres existent et
habitent des mondes ou sphères qui leur
sont propres. La doctrine Bouddhiste ex-
pose que, par le développement intérieur et
la maîtrise exercée sur sa nature inférieure,
l'Arhat devient supérieur même au plus for-
midable des devas et qu'il peut en soumet-
tre et contrôler les ordres inférieurs.

385. Q. — *Combien d'espèces de devas y
a-t-il?*

R. — Trois : *Kâmâvacharâ* (ceux qui sont
dominés par les passions); *Rûpâvachara*
(classe plus élevée, qui conserve encore une
forme individuelle); *Arûpâvachara* (les plus
élevés en degré de purification, ils n'ont pas
de formes matérielles).

386. Q. — *Devons-nous les craindre?*

R. — Celui qui est pur, avec un cœur rempli de compassion et un esprit courageux, n'a rien à craindre : aucun homme, dieu, brahma rakshas, démon ou deva ne peut lui faire de mal; mais quelques-uns ont le pouvoir de tourmenter les impurs aussi bien que ceux qui désirent leur approche.

APPENDICE

Le texte suivant, soumis par moi-même à l'examen de Comités autorisés, a été accepté par les églises Bouddhistes du Nord et du Sud, qui reconnaissent, dans ces *quatorze articles*, les principes fondamentaux du Bouddhisme; leur importance historique est telle qu'ils sont ajoutés à la présente édition du catéchisme Bouddhiste. S. E. le Prince Ouchtomsky, le savant orientaliste russe, m'a dit récemment qu'ayant fait traduire ce document pour les principaux Lamas des grands monastères Bouddhistes de la Mongolie, ils lui ont déclaré qu'ils souscrivaient à toutes les propositions énoncées, exception faite à la date de la naissance du Bouddha, qu'ils croient antérieure de quelques milliers d'années à celle que je donne. Ce fait surprenant n'était pas encore venu à ma connaissance. Se peut-il que l'Ordre (Sangha) mongolien confonde la réelle époque de Sakya Mouni avec celle de son dernier prédécesseur connu? Quoi qu'il en soit, il est encourageant de constater l'union du monde Bouddhiste tout entier, en ce qui concerne, du moins, ces quatorze propositions.

H. S. O.

CROYANCES FONDAMENTALES DU BOUDDHISME

I. — Il est enseigné aux Bouddhistes de témoigner à tous les hommes la même tolérance, longanimité et le même amour fraternel, sans distinction; et une inaltérable bonté envers les membres du règne animal.

II. — L'Univers a été évolué, non créé; et il fonctionne d'accord avec la Loi, non d'après le caprice d'un dieu.

III. — Les vérités sur lesquelles le Bouddhisme est fondé sont naturelles. Nous croyons qu'elles ont été enseignées pendant des Kalpas ou périodes mondiales successives par certains êtres illuminés nommés BOUDDHAS; le nom de BOUDDHA signifiant « Illuminé ».

IV. — Le quatrième Instructeur de la période mondiale actuelle (Kalpa) fut Sakya Mouni ou Gautama Bouddha, né dans une famille royale de l'Inde, il y a environ 2.500 ans. C'est un personnage historique nommé Siddârtha Gautama.

V. — Sakya Mouni enseigna que l'ignorance produit le désir; le désir inassouvi est la cause de la réincarnation, et la réincarnation la cause de la douleur. Pour se délivrer de la douleur, il est, par conséquent, nécessaire d'échapper à la renaissance; pour s'y soustraire, il faut éteindre le désir, et pour abolir le désir il est indispensable de supprimer l'ignorance.

VI. — L'ignorance entretient la conviction que la réincarnation est une chose nécessaire. Quand on sait, on constate la non valeur de ces renaissances considérées comme une fin en elles-mêmes, et on reconnaît l'importance capitale d'adopter une manière de vivre qui abolisse cette nécessité. L'ignorance engendre aussi cette idée illusoire et illogique qu'il n'y a qu'une seule existence pour l'homme et qu'à cette phase unique succèdent d'immuables états de béatitude ou de tourments.

VII. — On peut parvenir à dissiper toute

cette ignorance par la pratique persévérante de l'altruisme, dans le sens le plus large, par le développement de l'intelligence, la sagesse des pensées et la destruction de tout désir pour les plaisirs bas et personnels.

VIII. — Le désir de vivre étant la cause de la réincarnation, les renaissances n'ont plus lieu quand il est éteint, et l'individu perfectionné arrive par la méditation à ce sublime état de paix nommé *Nirvâna*.

IX. — Sakya Mouni enseignait que l'ignorance peut être détruite et la douleur écartée par la connaissance des quatre nobles vérités savoir :

1. Les misères de l'existence;

2. La cause de la misère, qui est le désir toujours renouvelé de se satisfaire sans jamais être capable d'y parvenir;

3. La destruction de ce désir ou le complet détachement de tout désir;

4. Les moyens pour détruire le désir, par lui indiqués, sont appelés La Noble Voie Octuple savoir : Croyance correcte; Pensée correcte; Parole correcte; Action correcte; Rectitude pour gagner sa vie;

Effort correct; Souvenir correct; Méditation correcte.

X. — La Méditation correcte conduit à la lumière spirituelle, au développement de cette faculté Bouddhique latente dans tout homme.

XI. — L'essence du Bouddhisme a été ainsi résumée par le Tâthâgata (Bouddha) lui-même :

S'abstenir de tout péché,
Devenir vertueux,
Purifier le cœur.

XII. — L'univers est soumis à une cause naturelle nommé « Karma ». Les mérites et démérites d'un être, dans ses existences passées, déterminent sa condition dans la vie présente. Chaque homme a donc préparé les causes des effets dont il fait actuellement l'expérience.

XIII. — Les obstacles qui empêchent d'obtenir un bon Karma peuvent être écartés par l'observance des préceptes suivants, qui sont compris dans le code moral du Bouddhisme : 1) Ne tue pas; 2) ne vole pas; 3) ne te livre à aucun plaisir sexuel défendu; 4) ne mens pas; 5) ne prends ni drogue ni liqueur enivrante ou stupéfiante.

Cinq autres préceptes, qu'il n'y a pas à
énumérer ici, doivent être suivis par ceux
qui veulent être libérés de la misère de la
réincarnation plus promptement que les autres hommes.

XIV. — Le Bouddhisme blâme la crédu-
lité superstitieuse. Gautama Bouddha enseignait que le devoir d'un parent était de
faire instruire son enfant dans la science et
la littérature. Il enseignait aussi que personne ne doit croire ce qui a été dit par
n'importe quel sage, écrit dans n'importe
quel livre, ou affirmé par la tradition, à
moins que ce ne soit d'accord avec la raison.

Rédigé en vue d'établir un terrain d'entente sur lequel tous les Bouddhistes puis-
sent être d'accord.

H. S. OLCOTT,
Président
fondateur de la Société théosophique.

Suivent les approbations des grands prêtres du Japon, Birman et de Ceylan, délé-
gués par leurs nationaux à la Conférence
Bouddhiste tenue à Adyar, Madras, les 8, 9,
10, 11, 12 janvier 1891.

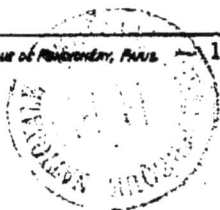

"L'Emancipatrice." (Impr. Coop.) 3, rue de Pondichéry, Paris. — 17828-8-80.

www.ingramcontent.com/pod-product-compliance
Lightning Source LLC
Chambersburg PA
CBHW071800090426
42737CB00012B/1889